Der Fall Otto Weininger

Eine psychiatrische Studie

Ferdinand Probst

Alpha Editions

This edition published in 2022

ISBN : 9789356789838

Design and Setting By
Alpha Editions
www.alphaedis.com
Email - info@alphaedis.com

Contents

Einleitung[1].

Am 4. Oktober 1903 erschoss sich zu Wien der dreiundzwanzigjährige Otto Weininger, Doktor der Philosophie. Von ihm stammen zwei Bücher: „Geschlecht und Charakter. Eine prinzipielle Untersuchung“, das kurz vor seinem Tode erschien und „Über die letzten Dinge“, das Ende 1903 von seinem Freunde Moriz Rappaport als Nachlass herausgegeben wurde, beide im Braumüllerschen Verlag zu Wien.

Besonders „Geschlecht und Charakter“, das eine Lösung der Frauenfrage in höherem Sinne darstellen sollte, hat allgemeines Aufsehen hervorgerufen; es hat eine Reihe von begeisterten Lobrednern gefunden; auch an lebhaftem und energischem Widerspruche hat es nicht gefehlt.

Strindberg begrüsste z. B. das Buch mit den Worten: „Ein furchtbares Buch, das aber wahrscheinlich das schwerste aller Probleme gelöst hat“ und ruft aus: „Ich buchstabierte, aber Weininger setzte zusammen. Voilà un homme!“

Diesem ersten Werke wird „unheimliche Geschlossenheit und funkelnder Geist“ nachgerühmt; die Resultate desselben wurden „betäubend, niederschmetternd“ genannt. Die „Letzten Dinge“ bezeichnete Nordhausen als das „köstliche Testament des dreiundzwanzigjährigen Grossen“ und behauptete „reicher an Anregungen, an Blitzlichtern und kostbaren Goldfunden ist kein Buch unserer Tage.“

In Wien selbst, der Zentrale der modernen Dekadenz, der Vaterstadt des „Philosophen“, scheint Weininger sogar eine Art von religiöser Gemeinde zu besitzen. Die Vorrede, die sein Freund Rappaport zu den „Letzten Dingen“ geschrieben hat, enthält folgende Stelle: „Es sei hier erwähnt, dass zur Zeit seines Leichenbegängnisses eine nur in Wien sichtbare partielle Mondfinsternis stattfand, die genau in dem Moment endigte, als sein Leib in die Erde gesenkt wurde.“ Nur beim Tode Christi und angeblich auch beim Begräbnis des Philosophen Karneades haben sich ähnliche Vorgänge in der Natur gezeigt, Äusserungen übernatürlicher Wesen, die auf diese Weise die göttliche Anteilnahme dokumentieren. Die Geschichte mit der weissen Wolke beim Begräbnis Kants, die Rappaport dabei anführt, ist nichts wie eine pietätvolle Auslegung eines sehr gewöhnlichen Vorkommnisses; sie kann nur von einem Mystiker ernst genommen werden. Immerhin wird Weininger auch mit Kant dadurch in Parallele gebracht.

Es wird also dem nicht gut ergehen, der es wagen wird, diesem Heiland die von seinen Jüngern verlangte Ehrfurcht zu versagen, wie es bereits Moebius erfahren hat, dem gegenüber sich Weiningers Freunde gar nicht wegwerfend genug aussprechen können. Ich masse auch mir nicht an mit meinen Auseinandersetzungen sowohl auf jene als auch auf die weitere grosse Masse der Kritikunfähigen einen Einfluss auszuüben, auf jene Menge, die Weiningers Gedanken anstaunt und zum mindesten mit einer gewissen scheuen Hochachtung von dem grossen Manne redet. Auch haben die wenig zahlreichen Vernünftigen sich bereits ihre Meinung gebildet. (Am besten hat sich Dr. Hirth in der Jugend ausgesprochen; sehr gut ist auch eine Kritik in der „Beilage zur allgemeinen Zeitung" (Nr. 292, 1903) von Dr. Schneider), der zu dem Urteil kam, „dass ein nicht ganz normales Fühlen in sexueller und vielleicht auch in mancher sonstigen Hinsicht im Verfasser zum mindesten mit hoher Wahrscheinlichkeit angenommen werden darf." Was ich im folgenden bieten will, soll lediglich eine psychiatrische Studie sein; denn ich halte Weininger und seine Bücher für eine hochinteressante Erscheinung, der in den Annalen der Psychiatrie wohl ein dauernder Platz eingeräumt werden wird. Leider bin ich nicht in der Lage, aus dem mir von dem Herrn Herausgeber in liebenswürdigster Weise zur Verfügung gestellten anamnestischen Material genügende Daten zur Beantwortung der Frage erblicher Belastung zu entnehmen, so dass eine bedauerliche Lücke bleibt, die auszufüllen einer späteren Zeit obliegen wird. Die anamnestischen Angaben stammen grossenteils vom Vater Weiningers, der sie in bereitwilligster und zuvorkommendster Weise gab, ferner von Wiener Bekannten und aus der Biographie Weiningers von Rappaport. Letztere habe ich mit einer gewissen Vorsicht benutzt, da sie selbst einen exquisit pathologischen Charakter trägt; ich habe ihr das entnommen, was untrüglich mit den eigenen Äusserungen und dem Bilde Weiningers zusammenstimmt und das ist viel, viel mehr, als der Vater Weiningers glauben will. Dieser hält seinen Sohn für ein „Phänomen", ein Genie einzigster Art und bestreitet die Angaben Rappaports aufs heftigste; er wird auch mit meinen Deduktionen nicht einverstanden sein, da sie ihm Schmerz verursachen müssen. Ich bedauere das tief, denn ich schätze ihn persönlich sehr. Er wünschte eine psychiatrische Betrachtung, weil er überzeugt war, dass kein Nervenarzt im stande sein werde, eine geistige Störung bei seinem Sohne nachzuweisen. Da das Gegenteil der Erwartung folgt, so wird natürlich das psychiatrische Urteil verächtlich behandelt und mir das Recht abgesprochen werden, in so hohen und erhabenen Dingen überhaupt mitzusprechen. „In tyrannos" sagt Jentsch in solchem Falle. So heisst es von Moebius (v. Appel, Neue Bahnen 1904. IV. 214), es sei psychologisch ja sehr begreiflich, dass der Leipziger Materialist Vogtscher Färbung den Dualisten Weininger nicht verstehen könnte, und er wird zum „ideellen latenten Sadisten" gestempelt. Da man mir, wollte ich mit philosophischem Wissen kritisch auftreten, als Psychiater doch sofort entgegenhalten würde, dass ich eo ipso nichts von philosophischem Denken verstünde, so will ich in meinen Auseinandersetzungen versuchen, möglichst „hausbacken", möglichst klar und einfach zu sein; man kann nämlich die Ideen, die speziell Weiningers Eigenes sind, viel klarer sehen, wenn man das „philosophische Mäntelchen“ weglässt, das er ihnen umgehängt hat. Auch habe ich es für gut gehalten, möglichst viele Stellen aus den Büchern Weiningers wörtlich wiederzugeben, wie ja auch die Krankenjournale die besten sind, in denen sich die Aussprüche der Kranken nach Stenogrammen wörtlich verzeichnet finden.

Die Anamnese.

Otto Weininger ist am 3. IV. 1880 als das zweite Kind eines Kunsthandwerkers zu Wien geboren. Der Vater ist ein auffallend begabter, gebildeter und vielseitiger Mann, der nach seiner Angabe sich mehr mit seinen Kindern beschäftigte, als gewöhnlich vorzukommen pflegt. Er giebt an, dass sich in Weiningers Ascendenz keine Fälle geistiger Störung befunden hätten, soweit er zurückdenken könne. Das ist natürlich cum grano salis zu nehmen. Nichts ist unzuverlässiger als eine Hereditätsanamnese, selbst die im besten Glauben von Laienseite gemachte; als Jude hat Weininger jedenfalls das eine voraus, dass er einem Stamme angehört, der nach Charcot „das Vorrecht zu besitzen scheint, alles was man sich von Neuropathien vorstellen kann, in höchster Ausbildung zu zeigen."

Die lebenden Geschwister Weiningers, es sind vier, sollen geistig und körperlich gesund sein; zwei starben an Diphtherie resp. Blinddarmentzündung. Weininger kam ohne Kunsthilfe nach normal verlaufener Schwangerschaft zur Welt. Der Vater giebt an, die körperliche Entwickelung sei eine vollständig normale gewesen; „man konnte ihn eher zu den kräftigeren Kindern zählen. Mit vierzehn Monaten sprach er in höchster Deutlichkeit sein Deutsch, wozu er allerdings im Hause gut angehalten wurde. Er zeichnete sich bald durch geistige Frühreife aus, aber nicht im Sinne der Altklugheit." „Mit fünfzehn Monaten ging er sicher allein fest auf den Beinen. In der Volksschule machte er sich den Lehrern oft unangenehm durch einen seinem Alter weit vorauseilenden Wissensdrang und sogar schon durch Bethätigung desselben auf Gebieten, die ihm fernab hätten liegen sollen; auch übte er zuweilen Kritik an den Äusserungen seiner Lehrer. Er erhielt gute Noten, meist sehr gut; nur in der Sittennote war er selten der erste, weil er sich in den Unterrichtsgegenständen der Disziplin nicht fügen und seinen eigenen Weg gehen wollte." In den Jahren 1890-1898 besuchte er das Gymnasium. Auch hier war er stets einer der Besten, in Sprachen stets der Beste, ebenso in Geschichte, Litteratur, Logik und Philosophie. „Und doch machte er sich fast sämtlichen Lehrpersonen missliebig; es gab sogar zwei- bis dreimal heftige Auftritte in der Schule. Er machte die Arbeiten stets wie er, selten wie die Lehrer wollten, kümmerte sich manchmal nicht um den Unterricht, sondern ignorierte ihn und beschäftigte sich mit seinen Büchern, schrieb auch in der Klasse, was gar nicht im Zusammenhang mit dem Gegenstand des Unterrichtes war." Zum Verdrusse des Vaters bewies der junge Gymnasiast ferner „eine gewisse Geringschätzung für die geistige und wissenschaftliche Kapazität einiger seiner Professoren und das brachte ihm schlechte Sittennoten ein, wiewohl er eigentlich „Sittenloses" sich nie weder in der Schule noch später zu schulden kommen liess. In Französisch, Englisch und Spanisch wusste er enorm viel." Diese drei Sprachen erlernte Weininger bei seinem Vater. Er überraschte diesen durch die ungeheuere Leichtigkeit seiner Auffassung und durch sein erstaunliches Gedächtnis, obwohl der Vater ausdrücklich von sich bemerkt, dass er für ziemlich streng und anspruchsvoll gelte. Für Naturwissenschaft und Mathematik hatte Weininger in seinen Gymnasialjahren wenig Interesse, daher auch weniger gute Noten; erst in den Universitätsjahren erwachte auch für diese Gegenstände grosse Neigung in ihm.

Im Oktober 1898, in einem Alter von 18½ Jahren, bezog er die Universität Wien; er war ausschliesslich in Wien immatrikuliert.

Als Kind und Knabe soll Weininger keine Abweichungen in seinem Verhalten von dem seiner Altersgenossen gezeigt haben. „Sein Verhalten gegen die Mitschüler wich nicht sonderlich von der allgemeinen Gepflogenheit ab. Mit zweien oder dreien pflegte er in der Klasse intimeren Verkehr zum Gedankenaustausch und diese waren auch seine Freunde. Er nahm als Knabe in ganz normaler Weise an den Spielen seiner Kameraden teil. Nur mit seinen Büchern isolierte er sich gern. Aber er verschmähte in der Schule und besonders im Untergymnasium nie die Teilnahme am Spiel. Im Obergymnasium allerdings wurde das seltener. Bis zu seinem 21. Lebensjahre betrug er sich gegen seinen Vater und seine Geschwister nicht abweichend von anderen Kindern und jungen Menschen seines Alters; doch machte er Unterschiede und fühlte sich mehr angezogen von den strengen, verlässlichen Charakteren seiner Geschwister und abgestossen von den schwächlichen Charakteren unter ihnen."

Den Verhältnissen seines Vaters, der, wenn auch gut situiert, doch nicht über Reichtümer verfügte, trug der Sohn stets Rechnung; der Vater erzählt, dass er mit Ausnahme seiner Ausgaben für Bücher sehr sparsam gewesen sei. Dem Vater scheint er schwärmerisch zugethan gewesen zu sein. „Ich vernichtete aus seinen letzten Schriften ein Blatt," schreibt der Vater, „das zu meiner Verherrlichung dienen sollte." Nach Schopenhauerschem Vorbild. Schade, dass es vernichtet ist. Grosse Verehrung soll Weininger auch für seine älteste Schwester gehegt haben; erst während der letzten zehn Monate seines Lebens sei eine Abkehr auch von ihr eingetreten. Der Vater schiebt dieselbe auf äussere, fremde Einflüsse; sie wird sich aber wohl folgerichtig erklären aus der geistigen Verfassung Weiningers, wie später gezeigt werden soll.

Im Sommer 1900 äusserte Weininger seinem Vater gegenüber, dass er zum Christentum übertreten wolle. Der Vater war damals absolut nicht damit einverstanden. „Damals war von christlichem Sinn bei meinem Sohn keine Rede und ich hielt dafür, dass er aus materiellen Interessen Konvertit werden wollte," sagt der Vater und fährt fort: „hätte ich damals Spuren der herrlichen Wandlung (!) entdeckt, die er später durchmachte, ich wäre dem Gedanken ganz versöhnlich gegenübergestanden, wie es thatsächlich der Fall war, als ich im Sommer 1902 den Religionswechsel erfuhr, also fünfzehn Monate vor seinem Tode, und nie liebten wir einander mehr als diese fünfzehn Monate." Am 21. VII. 02, dem Tage seiner Promotion, war Weininger nämlich zum Protestantismus übergetreten. Der Vater erfuhr den Übertritt nachträglich. Im September 1901 bereits hatte Weininger das elterliche Haus verlassen und in der Stadt ein Zimmer für sich bezogen; er kam von da ab nur zwei- bis dreimal wöchentlich zu den Mahlzeiten nach Hause. Die „herrliche Wandlung" hatte sich also nicht so eigentlich unter den Augen des Vaters abgespielt und sind die Angaben desselben über die letzten zwei Lebensjahre seines Sohnes zwar in gutem Glauben gemacht, aber deutlich einer bestimmten Absicht unterworfen und hypothetisch. Der Vater hält Dinge in den beiden letzten Jahren für unmöglich, nur weil er in den vorhergegangenen keine ähnlichen Wahrnehmungen gemacht hatte.

Für geselligen Verkehr scheint der Student Weininger keinen Sinn gehabt zu haben; der Vater berichtet darüber: „Etwa ein Jahr, vom 20.-21. Jahre, verschmähte er auch nicht, einen Abend bei einem oder zwei Glas Bier im Gasthaus mit Freunden zuzubringen, begleitete sogar drei- oder viermal Mutter oder Schwester (weil ich für derlei Dinge nicht zu haben war) zu Tanzkränzchen. Er schämte sich dessen später und als ich ihm einige Tage vor seinem Tode eine stilistisch verbesserungsbedürftige Stelle in seinem Werke bezeichnete, sagte er: „Du hast Recht, Vater; ich schrieb dies, als ich tief stand," mit direktem Hinweis auf jene Epoche.

Über das sexuelle Leben seines Sohnes versucht der Vater ebenfalls nach Möglichkeit Aufschluss zu geben; man muss sich aber hier vor Augen halten, dass Weininger zwei Jahre fern vom Vater lebte und dass es überhaupt wohl wenig Väter geben wird, die von ihren jungen Söhnen zu Vertrauten des sexuellen Empfindens derselben gemacht werden. Der Vater will keinerlei sexuelle Abnormität am Sohne wahrgenommen haben; er sagt: „Ich schreibe, was er mir selbst diesbezüglich sagte und zu einer Zeit, wo er schon von ausserordentlicher Wahrheitsliebe durchdrungen war (!)." Er glaubt, dass sein Sohn erst sehr spät, etwa mit zwanzig Jahren, in geschlechtlichen Verkehr mit Frauen getreten und dabei sehr mässig geblieben sei; auch ist dem Vater nicht bekannt, dass der Sohn je in ein Mädchen verliebt gewesen sei. „Er verkehrte gewiss mit sehr wenigen weiblichen Wesen." Als ihm der Vater einmal einwandte, wie er bei so geringer Erfahrung zu so vernichtendem Urteil über die Frau habe gelangen können, antwortete der Sohn, es sei ein grosser Irrtum, von der Erfahrung die richtige Erkenntnis zu erwarten. Ich möchte nach dem Inhalt der Werke und den Worten seines Freundes eher glauben, dass Weininger von Hause aus stark erotisch veranlagt war. Davon später.

Weininger war „früher gegen Untergebene stets sanft, z. B. gegen Dienstboten und Menschen von niederer Lebensstellung; gegen Autoritäten aber zuweilen aufbrausend und zornig.“ Hartherzigkeit und Geiz seien ihm fremd gewesen. Sehr interessant ist die Angabe des Vaters, dass Weininger die letzten zwei Jahre seines Lebens „von einer rührenden Demut gegen alle“ gewesen sei. „Ich hiess ihn innerlich einen Heiligen; doch war er gewiss sehr stolz auf seine Fähigkeiten, wie er überhaupt nie gelten liess, dass grosse Menschen, die Grosses geleistet hätten, bescheiden gewesen wären, höchstens nach aussen hin seien sie es gewesen.“ Mit dieser Wandlung zur Demut mag wohl die Angabe Rappaports im Zusammenhang stehen, dass Weininger keinem Bettler eine Gabe reichte, ohne den Hut zu ziehen und über keine Wiese ging, um keinen Lebenskeim zu zerstören; der Vater bestreitet übrigens die Richtigkeit dieser Angaben; vor den Lebenskeimen hat ja Weininger thatsächlich in seinen Werken keinerlei Respekt gezeigt; aber es ist wohl möglich, dass er einmal in irgend einem Gefühlsüberschwang Derartiges that.

Über die Stimmungen seines Sohnes berichtet der Vater: „Bei aller Tiefe seines Denkens war er bis zum vollendeten 21. Lebensjahre eher heiter als trübselig und nur beim Studium und Musikgenuss von grossem Ernst. Erst knapp ein Jahr vor seinem Tode verdüsterte sich sein Gemüt, aber auch nicht gerade besorgniserregend, mit Ausnahme einer kurzen Zeit im November 1902, also elf Monate vor seinem Tode, zu der ich allerdings besorgt war; es ging aber vorüber und wurde wieder viel besser, so dass ich gleichen Verlauf für jene zweite Krise erwartete.“ Leider enthält sich der Vater jeder Angabe über die Vorstellungen, die den Sohn während seiner melancholischen Verstimmung beschäftigten. Rappaport, wie ich gleich hier einschieben will, giebt an, dass Weininger schon im Herbst 1902 vor der Ausarbeitung von „Geschlecht und Charakter“ sich eine Zeitlang mit Selbstmordgedanken getragen habe, und dass das Unglück damals nur durch Zureden seiner Freunde verhindert worden sei. Diese Angabe deckt sich so mit der des Vaters, dass wohl auch die anderen bestrittenen Mitteilungen nicht aus der Luft gegriffen sind.

Im Juni 1903 gab Weininger seine eigene Wohnung auf, brachte sechs Wochen mit seiner Familie in Brunn bei Mödling zu und reiste Ende Juli nach Italien, wo er bis Ende September blieb. Anscheinend war bei Beginn der Reise schon wieder eine Depression im Anzuge; bei seiner Rückkehr am 29. IX. 03 nach Wien war er in düsterster Stimmung. Er verblieb zunächst fünf Tage im Hause des Vaters, das er am Abend des 3. X. verliess, um sich in Beethovens Sterbehaus ein Zimmer zu nehmen, in dem er dann seinem Leben ein Ende machte.

„In diesen fünf Tagen“, berichtet der Vater, „war seine Stimmung eine ausserordentlich gedrückte, aber nicht sehr abweichend von der vor elf

Monaten an ihm beobachteten. Meine Frage, ob er körperlich litte, verneinte er entschieden und ich halte es für lautere Wahrheit. Ich fragte, ob er irgend eine Seelenpein durch äussere Vorgänge erdulde, etwa durch eine Beziehung zu irgend einem weiblichen Wesen; er verneinte und ich zweifle keinen Augenblick an der Wahrheit seiner Äusserung."

Von seinem Werke „Geschlecht und Charakter" habe Weininger dem Vater gegenüber wenig gesprochen; hie und da habe er wohl dessen Ansicht über die eine oder andere Lebensfrage eingeholt. Vollständig lernte der Vater das Buch erst kennen, als es zur Drucklegung kam und der Sohn ihn bat, ihm „hie und da stilistische Wendungen, die dem Vater missfielen, kundzugeben zur Ausbesserung." Der erste Teil des Buches hatte als Promotionsschrift gedient; von etwa Ende November 1902 bis Anfang Juli 1903 wurde dann das eigentliche Buch ausgearbeitet. Nach Angabe des Vaters hat Weininger an dem Werk etwa 18 Monate (den ersten Teil wahrscheinlich inbegriffen) „aber mit geradezu furchtbarem Fleisse" gearbeitet. Er habe ordentliche Mahlzeiten sicher nur zwei- bis dreimal wöchentlich, wenn er eben zu hause ass, gehalten; sonst habe er nur das Notwendigste zu sich genommen. Er habe oft die Einnahme des Nachtessens vergessen; es sei am Morgen häufig unberührt vorgefunden worden. Über Kritiken seines Werkes habe er sich gar nicht alteriert; „er belächelte und missachtete sie. Nur die Beschuldigung von Moebius ärgerte ihn". Moebius hatte nämlich in einer Besprechung des Weiningerschen Buches (in „Schmidts Jahrbüchern für die gesamte Medizin". Augustheft 1903) den jungen Autor tief gekränkt, indem er nachzuweisen suchte, dass alles Tatsächliche bereits in seinem „physiologischen Schwachsinn des Weibes" und anderen seiner Schriften enthalten sei und dass das Weiningersche Buch ihm wie eine groteske Verzerrung seiner eigenen Äusserungen erscheine; sogar der Titel sei einer Titelreihe von ihm nachgemacht. Und Weininger hatte doch ausdrücklich gegen eine Verwechslung seiner Ausführungen mit den „hausbackenen" von Moebius von vornherein protestiert! Es kränkte ihn um so mehr, als selbstverständlich das 1901 erschienene Werkchen von Moebius grossen Einfluss auf ihn gehabt hatte. Unterm 17. VIII. 03 schrieb Weininger aus Syrakus an Moebius einen „langen, etwas formlosen Brief" des Inhaltes, Moebius müsse entweder beweisen, was er gesagt, oder öffentlich widerrufen; er gebe ihm drei Wochen Bedenkzeit, dann werde er ihn wegen böswilliger Verleumdung gerichtlich belangen. Moebius nahm den „hingeworfenen Handschuh", wie sich Weininger ausdrückte, in seiner Broschüre „Geschlecht und Unbescheidenheit"[2] auf, die aber sein Gegner nicht mehr erlebte.

In einem Nachtrage berichtet der Vater noch zwei sehr bezeichnende Episoden. „Ein Wiener Literat und scharfer Denker schrieb ihm (dem Sohn) von enthusiastischer Huldigung für das geniale Werk und da ich nicht durch meinen Sohn, sondern durch Zufall davon erfuhr und es ihm vorhielt, murmelte er vor sich hin: „Ich habe ein Buch für die Jahrtausende geschrieben, werde aber noch nicht verstanden". Das sagte er alles in stiller Demut (!), trotz des ungeheuren Selbstgefühles, welches aus den Worten spricht. Im Sommer, vor seiner Abreise nach Italien, sagte er mir auch, es sei geradezu ausgeschlossen, dass ein Weib sein Buch je verstünde." Auf diese beiden Äusserungen können sich ja seine Freunde berufen; sie sind treffliche Beweismittel.

Körperlich habe Weininger nichts Auffallendes gezeigt; er sei immer gesund gewesen, habe besonders einen vorzüglichen Schlaf und gute Verdauung gehabt. Der Biograph Rappaport erzählt von epileptischen Anfällen Weiningers; er will selbst solche Anfälle bei Weininger mit angesehen haben; ich komme bald darauf zurück. Der Vater stellt alles, was mit Epilepsie zusammenhängen könnte, bei seinem Sohn in Abrede; er legt auch ein hausärztliches Zeugnis vor, dass dem Arzt der Familie nichts von solchen Anfällen bei Weininger bekannt sei. Er ist der Ansicht, dass der Kreis von Freunden die Epilepsie konstruiert habe, weil Epilepsie und Genie zusammengehörten; auch waren ja nach Weiningers Ansicht alle Religionsstifter, sogar Luther, Epileptiker. Der Vater schreibt: „Otto sagte z. B. zu mir und einigen Freunden, ich glaube gar, ich werde ein Epileptiker. Auf meine erstaunte Frage kam heraus, er bekäme des Nachts meist knapp vor dem Einschlafen einen Wurf, einen Schmiss, eine Sache, die jeder auch nur ein bischen Nervöse unzähligemal erfährt." Nicht einmal die Symptome seien vorhanden gewesen, die Epilepsie „vortäuschen".

Als die Ursache des Selbstmordes sieht der Vater vor allem falschen Stolz an; Weininger habe nach Wiener Kaffeehausmanier Selbstmordgedanken geäussert, von seinen Freunden Abschied genommen und dann den lediglich unüberlegten, mehr renommistischen, induzierten Äusserungen die That folgen lassen, weil er sich geschämt habe, sich wieder den Freunden zu zeigen; der Mangel an Familiensinn, den Weininger gehabt habe, habe das Seinige beigetragen. Damit geschieht aber thatsächlich dem Unglücklichen meiner Ansicht nach Unrecht.

Soweit die Angaben des Vaters; sie lassen deutlich erkennen, dass er über die letzten beiden Jahre seines Sohnes nur wenig weiss. Hier sind die Angaben Rappaports von grossem Werte. Der Vater bestreitet, wie gesagt, ihre Richtigkeit, aber lediglich, weil er über mehr Kritik verfügend das Krankhafte erkennt, das diese Schilderungen überall klar zeigen, was nach der väterlichen Anschauung aber falsch sein muss, weil der Sohn nur ein Genie, kein Geisteskranker gewesen sein kann. Deshalb macht er auch dem Biographen den Vorwurf, dass dieser durch die Veröffentlichung des Nachlasses und sein Vorwort den Leuten in die Hände gearbeitet habe, die alles Geniale für irrsinnig erklärten. Der Vorwurf ist ungerecht. Es soll sich doch um Feststellung der Wahrheit handeln; und dazu sind gerade die Niederschriften Weiningers aus seiner letzten Epoche, auch wenn es sich nur um „Keime für spätere Ausarbeitung" handelte, äusserst wichtig, wie sich zeigen wird. Rappaport berichtet über Weininger: „Von sehr grosser, hagerer Statur, ohne besondere Muskelkraft, besass er doch eine äusserst zähe Gesundheit. Seine Nerven überwandten alle Anstrengungen, wenn er auch viel Nervöses in seinem Wesen hatte, wenn er auch ein tiefes Verständnis für die Neurasthenie (!) besass. Neurasthenisch war er nicht; auch zum Irrsinn war keine ausgesprochene Disposition vorhanden. Nur (!) unter schweren Herzkrämpfen und unter epileptischen Anfällen hatte er öfters zu leiden; die ersteren stellten sich immer nach grossen psychischen Anstrengungen ein." Aus dieser recht konfusen Darlegung kann man leider sehr wenig Objektives entnehmen. Über die Art der Anfälle (Zahl, Vorläufer, Verlauf derselben) müsste sich Rappaport wohl noch etwas genauer äussern; auch verschweigt er ganz, wann solche Anfälle zum ersten Male in Erscheinung traten; dieselben müssten sich doch wohl erst entwickelt haben, nachdem Weininger das elterliche Haus verlassen?

Mit Bewunderung spricht Rappaport von der kolossalen Arbeitskraft, den umfassenden Kenntnissen und Interessen seines Freundes; in einer Fussnote der ersten Seite schreibt er sogar mit komischer Wichtigkeit: „Er (Weininger) hat auch einmal ein Gehirn seziert!"

Weininger war anfangs ein begeisterter Anhänger des Empiriokritizismus von Avenarius. „Den Gottesbegriff lehnte er mit Entschiedenheit ab. Aber das änderte sich bald." Der totale Umschwung sei durch ethische Probleme herbeigeführt worden, die Weininger zum Anhänger Kants machten und „im Laufe zweier Jahre die Metamorphose zum vollen Mystiker vollzogen" (Jodl).

Sehr interessant ist, was Rappaport über das Verhältnis Weiningers zur Musik berichtet; das ist so charakteristisch, dass es gar nicht erfunden, nicht einmal entstellt sein kann. Weininger fühlte bei jeder einzelnen Melodie ein psychisches Phänomen, eine landschaftliche Stimmung, welche eindeutig und bestimmt dieser Melodie zugeordnet schien, so dass er von einem Motiv des Herzschlages, von einem Motiv der Willensstärke, von einer Melodie der Kälte im leeren Raum sprechen konnte. Diese Visionen waren aber keineswegs auf Gefühle und Stimmungen beschränkt; sie erhoben sich sehr oft zum Anblick der höchsten und allgemeinsten Probleme ..... so empfand Weininger „in diesem Motiv den spielenden Monismus, in jenem die resignierte Trennung vom Absoluten, in einem dritten die Erbsünde u. s. w." Die A-Dur-Melodie der Griegschen Peer Gynt-Suite nannte Weininger „die grösste Luftverdünnung, die jemals erreicht worden ist."

Das fühle einmal Jemand nach.

Für Wagner hatte Weininger ursprünglich keine Zuneigung; es war dies noch in der Avenariusperiode, vor der Umwandlung; er äusserte sich sogar noch ziemlich geringschätzig über Wagner. „Aber in der grossen Umwandlung, die er etwa zwei Jahre vor seinem Tode mitmachte, änderte sich auch das gewaltig." Richard Wagner wurde nun für Weininger der Künstler überhaupt; warum, werde ich noch zeigen. „Am allermeisten schätzte er textlich den Parzifal". Die ungeheuerste Wirkung übte nach Rappaport das Liebeswonne-Motiv auf ihn aus („Du Wecker des Lebens, siegendes Licht"); Weininger nannte es „die Resorption des Horizontes".

Nach jener grossen Umwandlung seiner Persönlichkeit war Weininger allmählich auch zur Natur in ein anderes Verhältnis getreten; „alles Sinnliche wurde ihm zum Symbol eines Geistigen", „alles Sichtbare als das Symbol einer ethischen und psychischen Realität aufgefasst". „Sein erstes Symbol-Erlebnis war die Vision vom Licht als dem Ausdruck der Sittlichkeit; er schloss daraus, dass die Tiefseefauna die Inkarnation von verbrecherischen Prinzipien sein müsse, da sie den Aufenthalt so ferne vom Licht gewählt habe ..... Mit einer merkwürdigen Sicherheit (!) wurden da Pferd und Hund, Cypresse und Veilchen, Fluss und See, Sonne und Sterne als Symbole der Ethik erkannt ..... Es ist die alte Lehre vom Menschen als dem Mikrokosmos, die hier wieder einmal fruchtbar geworden ist." Der Biograph weiss auch von einem sehr starken Reisebedürfnis Weiningers zu berichten.

Im persönlichen Umgang machte Weininger, wie ich vernahm, vielen einen unsympathischen Eindruck durch sein hastiges, nervöses Wesen und sein über alle Massen grosses Selbstgefühl. Rappaport schreibt dazu: „Gutmütig im gewöhnlichen Sinne, d. h. duldsam gegen alle jene gemeinen Züge, die zum Lebensgenusse beitragen, ohne anderen Menschen direkt zu schaden, war er nicht; damit dürfte es auch zusammenhängen, dass er niemals ‚gemütlich' war."

Von seinem ungemütlichen Selbstgefühl geben folgende Briefstellen vom August 1902 (an Arthur Gerber) Zeugnis: „Ich habe jetzt die Überzeugung, dass ich zum Musiker geboren bin. Noch am ehesten wenigstens. Ich habe heute eine spezifisch musikalische Phantasie an mir entdeckt, die ich mir nie zugetraut hätte und die mich mit tiefem Respekt erfüllt .... Nach vierzehnstündiger Seefahrt .. bin seefest! wie ich von mir auch nicht anders erwartet hatte. Ich glaube, durch nichts kann die Würde des Menschen so leiden, als durch die Seekrankheit. Bezeichnend genug ist, dass die Frauen alle seekrank werden."

Wenn man das Wesen Weiningers verstehen wolle, meint sein Interprete, müsse man den Dualismus und seine Projektion auf die menschliche Psyche, das Prinzip des Gegensatzes im Bewusstsein verstehen. Es werde kaum je einen Menschen gegeben haben, bei dem der Dualismus in einem so furchtbaren inneren Kampfe unablässig zum Ausdruck gekommen wäre wie bei ihm. Weininger verstand unter Dualismus den ethischen Dualismus, dass der Mensch zum Teil von Gott, zum Teil vom Staube stamme. Die „Lehre" Weiningers lässt sich nach Rappaport folgendermassen darstellen: „Jeder Mensch enthält etwas vom Nichts, vom Chaos, vom Teufel, der für Weininger das personifizierte Nichts ist, und etwas vom All, vom Kosmos, von der Gottheit ... Das Genie ist nicht eine Art von Irrsinn oder Verbrechen, sondern deren vollkommene Überwindung, deren grösster Gegensatz." Da in Weininger diese Gegensätze äusserst intensiv empfunden wurden, so musste er „einen Kampf bestehen, der an Intensität, an unablässiger höchster Gefahr vielleicht nicht seinesgleichen hatte"!! Weininger habe einmal gesagt, wenn er siege, so werde das der grösste Sieg sein, den jemals ein Mensch errungen. Diese Äusserung ist unbedingt echt; sie deckt sich mit allem, was aus den schriftlichen Äusserungen Weiningers hervorgeht.

Zur grossen Umwandlung gehörte auch geschlechtliche Enthaltsamkeit. Ein Hauptteil der „Lehre" war nämlich, dass das Weib eine Verkörperung des Nichts und der Koitus das Sündhafteste überhaupt sei. Während Weininger von Hause aus „sehr erotisch und sehr sinnlich veranlagt war, lebte er doch in der letzten Zeit vollkommen keusch".

Wie bereits erwähnt, hatte Weininger vor der Verwandlung den Gottesbegriff negiert; später aber war er „fest überzeugt davon, dass die Person und die Motive Jesu Christi noch niemand so verstanden habe wie er. Der Gedanke der universellen Verantwortlichkeit: alles Böse der Welt als eigene Schuld empfinden, ging ihm ausserordentlich nahe." Nach Rappaport war Weininger als dualistisch empfindende Persönlichkeit zugleich Verbrecher und Heiliger; Weininger selbst hat in seinen Schriften der Überzeugung Ausdruck gegeben, dass der Religionsstifter, der Heiligste, der Höhepunkt des Genies sei, weil er das grösste zu überwinden habe. Als in Weininger das Böse die Übermacht zu erlangen schien — in den Tagen der Depression —, da beging er den Selbstmord, in einem „Akt des höchsten Heroismus", „um nicht dem Bösen zu verfallen, um nicht einen anderen töten zu müssen". Seine verzweifelte Stimmung trieb ihn auf Reisen. Sehr charakteristisch sind die Briefe, die er an seine Freunde schrieb und aus denen ich folgende Stellen anführen will (aus der Zeit vom VIII.-IX. 1903): „Auf dem Ätna hat mir am meisten die imposante Schamlosigkeit des Kraters zu denken gegeben; ein Krater erinnert an den Hintern des Mandrill .. Zur Beschäftigung mit Beethoven rate ich Dir nur sehr; er ist das absolute Gegenteil Shakespeares und Shakespeare oder die Shakespeare-Ähnlichkeit ist etwas, worüber jeder Grössere hinauskommen muss und hinauskommt ... Die Ruinen des alten griechischen Theaters (in Syrakus), jene Stätte, wo der Sonnenuntergang unter allen Punkten, die ich kenne, am ehesten zu ertragen ist ... Sind die Pferdebremse und der Floh und die Wanze auch von Gott geschaffen? Das will und kann man nicht annehmen. Sie sind das Symbol von etwas wovon Gott sich abgekehrt hat ... aber wenn das Stinktier und der Schwefel nicht von Gott geschaffen sind, so entfällt auch das prinzipielle Bedenken beim Vogel und beim Baume: auch diese sind nur Symbole von Menschlichem, Allzumenschlichem ... Gott kann in keinem Einzeldinge stecken; denn Gott ist das Gute; und Gott schafft nur sich selbst und nichts anderes ... Alle Krankheit ist hässlich; darin liegt, dass sie Schuld sein muss ... Es steht viel schlimmer, als ich selbst vor zwei Tagen dachte, beinahe hoffnungslos ..."

Der Vater Weiningers meint mit Recht, dass ein Einsichtiger auf Grund dieser Briefe hätte ein „Alarmsignal" geben müssen. Als Weininger in den letzten Septembertagen 1903 nach Wien zurückkehrte, war er wohl schon zum Selbstmord entschlossen. In welchem Zustande sich der Ärmste befunden haben mag, geht aus den kuriosen Worten seines Biographen hervor: „In der letzten Zeit wirkten Durchblicke durch enge Öffnungen auf hellerleuchtete Ferne am besten auf ihn." Über die letzten Tage berichtet Rappaport, dass Weininger noch zwei ganze Nächte ununterbrochen an den „letzten Aphorismen" geschrieben habe; seine Stimmung habe bereits die herannahende Katastrophe verkündigt. „Völlige Dunkelheit brach über ihn herein; ein abgründlicher Pessimismus, den er auch als Schuld empfand, bemächtigte sich seiner." „Alles was ich geschaffen habe, wird zugrunde gehen müssen, weil es mit bösem Willen geschaffen wurde, vielleicht mit Ausnahme davon, dass Gott oder das Gute in keinem Einzelgegenstand der Natur enthalten ist ... Vielleicht ist alles verflucht, was je mit mir in Berührung gekommen ist." Ferner: „Meine Rückkehr nach Wien hätte eine zweite Inkarnation sein sollen." Am 3. X. 03 mietete Weininger dann, wie schon erwähnt, ein Zimmer in Beethovens Sterbehaus, verbrachte dort die Nacht und tötete sich am Morgen des 4. X. 03 durch einen Schuss in die Brust. Moebius' Worte, es werde ihm vielleicht noch einmal bei seiner Gottähnlichkeit bange werden, hatten sich an Weininger in tragischer Weise nur allzuschnell erfüllt.

Weder der Vater noch der Freund haben bei Weininger jemals Halluzinationen wahrgenommen. Aus den schriftlichen Äusserungen Weiningers geht aber hervor, dass er z. B. schwarze Hunde mit Feuerscheinen sah. In „Über die letzten Dinge" heisst es Seite 122: „Der Hund hat eine merkwürdige Beziehung zum Tode. Monate bevor mir der Hund Problem geworden, sass ich eines Nachmittags gegen fünf Uhr in einem Zimmer des Münchener Gasthofes und dachte an verschiedenes und über verschiedenes. Plötzlich hörte ich einen Hund in einer ganz eigentümlichen Weise bellen und hatte im gleichen Moment das Gefühl, dass gerade im Augenblick jemand sterbe. Monate nachher hörte ich in der furchtbarsten Nacht meines Lebens, da ich ohne krank zu sein, buchstäblich mit dem Tode rang, gerade als ich zu unterliegen dachte, einen Hund in ähnlicher Weise bellen wie damals in München; dieser Hund bellte die ganze Nacht; aber in diesen drei Malen anders. Ich bemerkte, dass ich in diesem Moment mit den Zähnen mich ins Leintuch festbiss eben wie ein Sterbender ... Kurze Zeit vor dieser erwähnten Nacht hatte ich mehrfach die Vision, die Goethe, nach dem Faust zu schliessen, gehabt haben muss: einigemal, wenn ich einen schwarzen Hund sah, schien mir ein Feuerschein ihn zu begleiten. Die Heftigkeit jener Eindrücke, Erregungen und Gedanken war so gross, dass ich mich an den Faust erinnerte, jene Stellen hervorsuchte und nun zum erstenmal, vielleicht als erster überhaupt, ganz verstand".

Zum Schlusse der Anamnese will ich noch die Angaben zweier Wiener Gewährsmänner bringen, die absolut einwandsfrei und zuverlässig sind. Weininger promovierte mit dem ersten Teil von „Geschlecht und Charakter", der bei weitem kleineren und relativ nüchternen Hälfte des Buches. In der Vorrede zu dem fertigen Werke bedankt sich Weininger bei den Professoren Jodl und Müllner für das freundliche Interesse, das sie an seinen Arbeiten genommen. Nun hatte aber Weininger beinahe ein ganzes Jahr nach seiner Promotion an dem allein den Professoren vorgelegenen ersten Teil weiter gearbeitet und keiner von beiden hatte das Manuskript in seiner letzten Gestalt gesehen. Ein Wiener Neurologe beschrieb die äussere Erscheinung Weiningers wie folgt: „Ein schlank gewachsener Jüngling mit ernsthaften Gesichtszügen, einem etwas verschleierten Blick, fast schön zu nennen; ich konnte mich auch des Eindruckes, eine ans Geniale streifende Persönlichkeit vor mir zu haben, nicht erwehren."

Die Werke.

Die beiden Bücher, die die absolut sichere und hauptsächliche Grundlage der Beurteilung von Weiningers Geisteszustand bilden, sind „Geschlecht und Charakter“ und „Über die letzten Dinge“. Das erstere besteht aus zwei Teilen, einem kleinen, einleitenden, der Anfang 1902 entstanden ist und als Dissertationsschrift diente, und einem zweiten grossen Teil, der im Herbst 1902 nach Ablauf der ersten Depression begonnen wurde. „Über die letzten Dinge“ enthält eine Reihe von Aufsätzen und Fragmenten, die nach Weiningers Tode nach dessen testamentarischer Anordnung von seinem Freunde Moriz Rappaport herausgegeben worden sind. Ausser einigen wenigen Stücken wurde der Inhalt des Buches während der italienischen Reise ausgearbeitet. Ich will im folgenden den Inhalt besonders des ersten Werkes systematisch besprechen und lasse, da er als eine Art Exploration gelten soll, Weininger soviel als möglich in seinen eigenen Worten seine Ideen vorbringen.

Schon der Untertitel des Hauptwerkes, „eine prinzipielle Untersuchung“ verrät die hohe Selbsteinschätzung des jungen Autors. Wie er selbst über das Werk dachte, beweist seine Selbstanzeige in der „Zukunft“ vom 22. VIII. 1903: „Ich glaube in diesem Buch das psychologische Problem des Geschlechtsgegensatzes gelöst und eine abschliessende Antwort auf die sogenannte Frauenfrage gegeben zu haben: eine völlig phrasenfreie, bis zum letzten Ende menschlichen Wissens (!) geführte Erforschung des Wesens der Frau und die Erhöhung der Streitfrage auf ein Niveau, auf dem die bisherigen Erörterungen sich nicht bewegt haben.“ Von Bescheidenheit wird da wohl niemand etwas verspüren.

Der erste Teil, betitelt „Die sexuelle Mannigfaltigkeit“, umfasst nur knapp 93 Seiten des ohne Anmerkungen 461 Seiten dicken Buches; es ist aus der Dissertation zu einer biologisch-psychologischen Einleitung geworden zum zweiten Teil, den „sexuellen Typen.“ Dieser erste Teil ist eine Studentenarbeit voll Härten und Extremen, zusammengetragen wie die allermeisten Dissertationen, aber sehr fleissig gearbeitet und grosses Wissen zeigend; der Einfluss der kurz vorher erschienenen Arbeiten von Moebius ist hier ganz unverkennbar. Ich will mich hier nicht vertiefen in die allgemein bekannten Fragen, zu denen Weininger mit grosser Belesenheit Ansichten gesammelt und gesichtet hat z. B. wo die Geschlechtlichkeit im Körper stecke; nicht darauf kommt es an, was an Wissen, Ansichten und Schlüssen anderer in dem Buche mitläuft und manche blendet, sondern auf die Schlüsse, die Weininger selbst zieht; wenn die Schlussfolgerungen, die einer aus seinem Denken zieht, pathologische sind, so hilft einem alles gesammelte

Wissen des Autors darüber nicht hinweg. Was herauskommt, wenn man das Eigene Weiningers herausschält, will ich nun zeigen.

Es gibt nach Weininger eine Reihe bestimmter Eigenschaften, die rein männlich sind; das sind alle die grossen, guten, mächtigen Eigenschaften; sind diese vereinigt, so entsteht der ideale, allerdings nur hypothetische Mann (absoluter M), der aus lauter + = Eigenschaften besteht; leider giebt es diesen nicht, weil auch dem höchstpotenzierten Manne immer etwas von Minuseigenschaften beigegeben ist; den Pluseigenschaften steht nämlich eine Reihe gegenüber, die man mit Minuseigenschaften bezeichnen könnte und deren reine Summe das absolute Weib (W) wäre. Da es nach Weininger die beiden Idealpole nicht giebt, so ist jeder Mensch aus männlichen und weiblichen Eigenschaften zusammengesetzt, das Reich der sexuellen Zwischenstufen somit eigentlich zur Norm erklärt. Je nach dem Überwiegen der M = oder W = Bestandteile ist man, was man unter dem landläufigen Begriffe Mann und Weib versteht. Jedes Individuum hat soviel W, als ihm M gebricht und sucht durch eine Art geheimnisvoller Affinität nach mathematischen Grundsätzen das Fehlende durch ein anderes Wesen zu ergänzen, so dass in der Vereinigung die Summe von 1 M + 1 W entsteht. Die Entdeckung des grossen Gesetzes, nach dem die Geschlechter sich anziehen, ist gefunden, verkündet Weininger. Dass Schopenhauer schon dies alles kurz und vernünftig ausgesprochen hat, that der Entdeckung keinen Eintrag; Schopenhauer hat dieses grosse Gesetz nur „geahnt“ und der Entdecker will diese Ahnung Schopenhauers erst zu Gesicht bekommen haben, als sein Buch fertig war. Das ist natürlich, wenn nicht direkt erfunden, zum mindesten eine Erinnerungstäuschung, wie Moebius ganz richtig annimmt; Weininger hatte eben eine Menge zusammen gelesen und wusste im besten Fall nicht mehr, ob Erinnerung oder eigener Gedanke vorliege. Ich werde noch auf mehrere solche Dinge bei Weininger hinweisen können, wo der Ursprung seiner Ideen sich klarlegen lässt trotz der Verzerrung, die den ursprünglichen, fremden Gedanken angethan worden ist.

Der Hauptfehler des Weiningerschen Systems liegt darin, dass er etwas als Thatsache annimmt, was er erst beweisen sollte, und dann von falschen Prämissen ausgehend, zu den kühnsten Schlüssen kommt; ferner dass er, wie Moebius sagt, „dadurch zu sachlichen Kenntnissen zu kommen sucht, dass er ohne Rücksicht auf die Erfahrung verallgemeinert und das, was bedingungsweise gilt, für bedingungslos erklärt.“ Was der wissenschaftlich Forschende in mühsamem Streben erst zu erreichen sucht, bildet für ihn den Ausgangspunkt; was erst, wenn überhaupt möglich, zu erhärten gewesen wäre, nimmt er beweislos oder nach einem kurzen Scheinbeweis als etwas Feststehendes an und zwar nicht etwa infolge einer Art Intuition oder Inspiration, sondern weil, wie wir sehen werden, die Annahme von allem früher Angenommenen meilenweit sich entfernt und aus derselben sich eine

Fülle auf den ersten Blick verblüffender Folgerungen ziehen lässt. Was Weininger in seinem Vorwort zur 1. Auflage mitteilt, bestätigt diese aus dem Inhalt der Schrift sich ergebende Auffassung vollkommen. Hier bemerkt er nämlich: „Es sollen nicht möglichst viele einzelne Charakterzüge aneinander gereiht, nicht die Ergebnisse der bisherigen wissenschaftlichen Messungen und Experimente zusammengestellt, sondern die Zurückführung alles Gegensatzes von Mann und Weib auf ein einziges Prinzip versucht werden. Hierdurch unterscheidet es sich von allen anderen Büchern dieser Art ..." Schon hier ist, allerdings unklar, angedeutet, dass eine aprioristische Annahme und zwar eine solche von grösster Tragweite das Leitmotiv der ganzen Arbeit bildet. Es liegt ja nahe, dass das einzige Prinzip, auf welches Weininger alle Gegensätze von Mann und Weib zurückzuführen unternahm, bei ihm schon feststand, bevor er an die Durchführung der Arbeit ging. Noch deutlicher wird dies durch eine Bemerkung an einer späteren Stelle des Vorwortes, in welcher er sich bemüht, als das Ziel seiner Arbeit etwas weit höheres als die Charakterisierung der Geschlechtsunterschiede hinzustellen. „Sollte es den philosophischen Leser peinlich berühren", heisst es da, „dass die Behandlung der letzten und höchsten Fragen hier gleichsam in den Dienst eines Spezialproblems von nicht grosser Dignität gestellt scheint: so teile ich mit ihm das Unangenehme dieser Empfindung. Doch darf ich sagen, dass durchaus das Einzelproblem des Geschlechtsgegensatzes hier mehr den Ausgangspunkt als das Ziel des tieferen Eindringens bildet." Das ist wenigstens klar; was „das Ziel des tieferen Eindringens" bildet, wird sich bald zeigen.

Doch nun wieder zum Inhalt von „Geschlecht und Charakter". Weininger fasst kindlich das ganze Gebiet der Sexualität wie einen Baukasten auf; alles lässt sich auf einfachste Weise konstruieren; jede sexuelle Frage lässt sich mit dem Zauberschlüssel der Weiningerschen Lehre lösen: Homosexualität, Genie, Frauenfrage; so einfach wie nur möglich. „In dem Gesetz der sexuellen Anziehung ist zugleich die langgesuchte Theorie der konträren Sexualempfindung enthalten." Hat nämlich ein Mann geschlechtliche Neigung zu Angehörigen des eigenen Geschlechtes, so hat er eben eine relativ hohe Summe von W in sich; er wird also beim Suchen nach seinem Komplement zu M hingezogen; Homosexualität bei der Frau, Amor lesbicus, ist natürlich „Ausfluss ihrer Männlichkeit"; da diese aber „Bedingung ihres Höherstehens" ist, so kann man sich, aus der falschen Voraussetzung, dass M und gut identisch seien, die Folgerung denken; da kommt schon der erste grosse Unsinn: das homosexuelle Weib steht über dem normalsexuellen: das ist natürlich eine logische Konsequenz.

Periodisch scheint nach Weininger in gewissen Zeiträumen eine starke Vermehrung jener Zwittergeschöpfe einzutreten, die sich dicht an den Grenzen, wo M und W ineinander überfliessen, herumtreiben; auf diese z. Z.

wieder vorhandene Flut wird das Gigerltum und die Frauenemancipation zurückgeführt; beide sind Parallelerscheinungen, derselben Ursache entsprungen! Was das Emancipationsbedürfnis und die Emancipationsfähigkeit einer Frau anbetrifft, so liegen dieselben „nur in dem Anteil an M begründet, den sie hat .... Nur den vorgerückteren sexuellen Zwischenstufen, die gerade noch den Weibern beigezählt werden, entstammen jene Frauen der Vergangenheit und Gegenwart, die von männlichen und weiblichen Vorkämpfern der Emancipationsbestrebungen zum Beweis für grosse Leistungen der Frau immer mit Namen angeführt werden." Was also die emancipierten Frauen betrifft, „nur der Mann in ihnen ist es, der sich emancipieren will." Die Frauenfrage ist demnach höchst einfach dahin gelöst, dass es überhaupt keine solche Frage giebt; das thatsächliche Weib ist absolut unfähig zu jeder Emancipation; es ist sogar die grösste Feindin derselben.

Damit sind wir schon über den ersten Teil von „Geschlecht und Charakter" hinaus und steuern nun ins wilde Meer der krassesten Behauptungen und des wildesten Unsinns. Es werden zunächst die Unterschiede zwischen M und W gründlich festgestellt; wie W dabei wegkommen muss, ist von vornherein bereits erwiesen.

„Das Weib ist fortwährend, der Mann nur intermittierend sexuell." „Der Mann hat gleichen psychischen Inhalt wie das Weib in artikulierter Form; wo sie mehr oder weniger in Heniden denkt, dort denkt er bereits in klaren, distinkten Vorstellungen, an die sich ausgesprochen und stets die Absonderung von den Dingen gestattende Gefühle knüpfen. Bei W sind Denken und Fühlen eins (= Henide), ungeschieden, für M sind sie auseinanderzuhalten. W hat also viele Erlebnisse in Henidenform, wenn bei M längst Klärung erfolgt ist. Darum ist W sentimental und kennt das Weib nur die Rührung, nicht die Erschütterung. Es lebt also der Mann bewusst, das Weib unbewusst."

Hier dürfte eine kurze Bemerkung am Platze sein. Unter Henide versteht Weininger das Verschmolzensein von Denken und Fühlen in Eins, im weiteren Sinne aber die unentwickelten, primitiven psychischen Data. Nach Weininger liegt es im Begriffe der Henide, dass sie sich nicht näher beschreiben lässt; trotzdem giebt er von derselben eine Reihe von Charakteren an. „Sie unterscheidet sich von dem artikulierten Inhalt d. h. der entwickelten Vorstellung durch den geringeren Grad an Bewusstheit, den Mangel an Reliefierung, durch das Verschmolzensein von Folie und Hauptsache, durch den Mangel eines Blickpunktes im Blickfelde." Ich will hier nicht näher auf die Henidentheorie Weiningers eingehen, auch mich nicht mit einer Prüfung der Frage aufhalten, wieweit die von ihm behaupteten Unterschiede im Vorstellen von Mann und Frau den thatsächlichen Verhältnissen entsprechen, sondern lediglich das

Jongleurkunststück hervorheben, das er am Schlusse seiner Erörterungen über das männliche und weibliche Bewusstsein ausführt. Während der scharfe Logiker zunächst dem Weibe mit dem Denken in Heniden nur ein minder scharfes Denken zuerkennt, spricht er ihm gleich darauf das Bewusstsein überhaupt ab. Wäre Weininger psychologisch ungebildet, so könnte man diese Behauptung auf Mangel einer richtigen Vorstellung über das Phänomen des Bewusstseins zurückführen. Er war aber genügend psychologisch geschult, um zu wissen, was unter bewusst und unbewusst wissenschaftlich zu verstehen ist, und so charakterisiert sich seine Behauptung als ein Nonsens, vor dem er lediglich deshalb nicht zurückscheute, weil er ihm als Anknüpfungspunkt für weitere ähnliche ungeheuerliche Aufstellungen zu dienen geeignet erschien.

Nachdem also Weininger bis zu der Erkenntnis der Unbewusstheit des Weibes vorgedrungen, schiebt er ein grosses Kapitel über das Wesen des Genies ein. Er setzt sich sogleich ins gehörige Licht als der endgültige Löser auch dieser schwierigen Frage, indem er mit der ihm nun einmal eigenen Bescheidenheit verkündet: „Alle bisherigen Erörterungen über das Wesen des Genius sind entweder biologisch-klinischer Natur und erklären mit lächerlicher Anmassung das bischen Wissen auf diesem Gebiete zur Beantwortung der schwierigsten und tiefsten psychologischen Fragen für hinreichend. Oder sie steigen von der Höhe eines metaphysischen Standpunktes herab, um die Genialität in ihr System aufzunehmen.“ Weininger giebt die Lösung, wie nach dem bisher Entwickelten zu erwarten: „Es ist das geniale Bewusstsein am weitesten vom Henidenstadium entfernt; es hat vielmehr die grösste, grellste Klarheit und Helle. Genialität offenbart sich hier bereits als eine Art höhere Männlichkeit und darum kann W nicht genial sein.“ Selbstverständlich ist W auch nicht in der Lage, das Genie auch nur im entferntesten zu verstehen. „Den Frauen gilt der geistreiche als der geniale, Nietzsche als der Typus des Genies. Und doch hat, was mit seinen Einfällen jongliert, alles Franzosentum des Geistes mit wahrer geistiger Höhe nicht die entfernteste Verwandtschaft.“ Man sieht hier bereits klar, dass Weininger sich selbst für das Genie par excellence hielt, als er jenes Kapitel schrieb, nach dem logischen Schlusse, der sich auch aus seinen eigenen Worten ergiebt, dass wohl nie ein Weib im stande sein werde, ihn zu verstehen.

Des weiteren verfügt W „nur über eine Klasse von Erinnerungen: es sind die mit dem Geschlechtstrieb und der Fortpflanzung zusammenhängenden.“ „Da das Weib ohne Kontinuität ist, kann es auch nicht pietätvoll sein; in der That ist Pietät eine durchaus männliche Tugend“. „Damit nämlich, ob ein Mensch überhaupt ein Verhältnis zu seiner Vergangenheit hat oder nicht, hängt es ausserordentlich innig zusammen, ob er ein Bedürfnis nach Unsterblichkeit fühlen, oder ob ihn der Gedanke des Todes gleichgültig lassen wird.“ Daraus folgt: „Den Frauen geht das Unsterblichkeitsbedürfnis ab.“ Nun geht es bereits über in mystische Gefilde. Man beachte die Art des logischen Konstruierens in den folgenden Sätzen; sie ist durchaus typisch für die ganze Art Weiningerschen Denkens; in dem Kapitel „Begabung und Gedächtnis“ heisst es: „Der Wert ist also das Zeitlose; und umgekehrt: ein Ding hat desto mehr Wert, je weniger es Funktion der Zeit ist, je weniger es mit der Zeit sich ändert. In alles auf der Welt strahlt sozusagen nur soviel Wert ein, als es zeitlos ist; nur zeitlose Dinge werden positiv gewertet. Dies ist, wie ich glaube, noch nicht die tiefste und allgemeinste Definition des Wertes und keine völlige Erschöpfung, doch das erste spezielle Gesetz aller Werttheorie.“ Nun: „Die Thaten des Genius leben ewig; an ihnen wird durch die Zeit nichts geändert.“ Genie ist aber höchst potenzierte Männlichkeit, also ist nachgewiesen, dass M zeitlos, ewig ist. Ganz zwanglos ergiebt sich das; für W natürlich das Gegenteil.

Im nächsten Kapitel „Gedächtnis, Logik, Ethik“ steht dann unser Taschenkünstler der Logik nicht an zu erklären: „Die Frau erbittert die Zumutung, ihr Denken von der Logik ausnahmslos abhängig zu machen. Ihr mangelt das intellektuelle Gewissen. Man könnte bei ihr von „logical insanity“ sprechen.“ Beim Weibe kann man ferner „nicht von antimoralischem, sondern nur von amoralischem Sein sprechen. Das Weib ist amoralisch.“ So ähnlich wie das Völkerchaos von H. St. Chamberlain, wo sich diese Gegenüberstellung findet. Im 11. Kapitel „Männliche und weibliche Psychologie“ geht Weininger mit „eherner Geschlossenheit“, wie einer seiner Verehrer schrieb, an die äussersten Konsequenzen. „Worum es sich handelt, ist in Kürze dies. Es wurde gefunden, dass das logische und das ethische Phänomen, beide im Begriff der Wahrheit zum höchsten Werte sich zusammenschliessend, zur Annahme eines intelligiblen Ich oder einer Seele als eines Seienden von höchster hyperempirischer Realität zwingen. Bei einem Wesen, dem wie W das logische und ethische Phänomen mangeln, entfällt auch der Grund, jene Annahme zu machen. Das vollkommen weibliche Wesen kennt weder den logischen noch den moralischen Imperativ und das Wort Gesetz, das Wort Pflicht, Pflicht gegen sich selbst, ist das Wort, das ihm am fremdesten klingt. Es ist der Schluss vollkommen berechtigt, dass ihm auch die übersinnliche Persönlichkeit fehlt. Das absolute Weib hat kein Ich, keine Seele!“ Nun könnte wohl jemand einwenden, das absolute Weib sei ja nur eine logische Hypothese, während die existierenden Frauen alle nicht absolute Weiber seien, sondern doch zum mindesten ein dürftiges Körnchen M in sich herumtragen; Weininger macht aber da selbst keinen exakten Unterschied und wirft diese Begriffe immer wieder durcheinander, was u. a. auch aus einem späteren Passus über die rechtliche Gleichstellung beider Geschlechter klar hervorgeht. Es wird feierlich verkündet: „Die Frau kann nie zum Manne werden ... während es anatomisch Männer giebt, die psychologisch Weiber sind, giebt es keine Personen, die körperlich weiblich und doch psychisch Männer sind." Konsequent nach Weiningers Theorie gedacht, müsste man glauben, dass es doch so sein müsste; aber hier kann er eben die Mathematik nicht brauchen.

Das Mitleid des Weibes wird ins Reich der Fabel verwiesen. Der Beweis, dass das Mitleid keine weibliche Tugend sei, ist höchst einfach: „Im alten Weib ist nie (!) auch nur ein Funke jener angeblichen Güte mehr und so liefert das Greisenalter der Frau den indirekten Beweis, wie all ihr Mitleid nur eine Form sexueller Verschmolzenheit war, selbst wenn es auf ein gleichgeschlechtliches Wesen sich bezog." Es kommt aber noch besser. „Der absolute Beweis für die Schamlosigkeit der Frauen liegt darin, dass Frauen untereinander sich immer ungescheut völlig entblössen, während Männer voreinander stets ihre Nacktheit zu bedecken suchen ... Der einzelne Mann hat kein Interesse für die Nacktheit des zweiten Mannes, während jede Frau auch die andere Frau in Gedanken stets entkleidet und dann hierdurch die allgemeine interindividuelle Schamlosigkeit des Geschlechtes beweist." Der zwanzigjährige „Grosse" muss eigentümlichen Verkehr gehabt haben; diese Behauptungen werden ihm doch sicher nur die allerkritiklosesten seiner Verehrer nachbeten können. Aber auch hier zeigt sich auch wieder aufs durchsichtigste die Art, wie Weininger denkt; um die allgemeine Schamlosigkeit der Frauen (NB.! nicht des absoluten W also) folgern zu können, muss er die Behauptung als bewiesen aufstellen, dass sich die Frauen ungeniert voreinander entblössen, die Männer dagegen nicht.

In einem grossen Kapitel „Mutterschaft und Prostitution" vernichtet dann Weininger auch noch das letzte, was ein „hausbackener" Mensch zur Verteidigung der Frau anführen könnte: Mutterschaft und Mutterliebe, und zwar, wie man zugeben muss, ganz konsequent logisch ausgehend von seinen falschen Voraussetzungen, die er sich absolut willkürlich zurecht gelegt, um zu dem mystischen Ziele zu gelangen, das sich nun allmählich enthüllt. Die Frauen zerfallen nach Weininger in zwei Klassen: Dirnen und Mütter; die Anlage hierzu sei von Geburt an organisch in jeder Frau vorhanden. Ich lasse hier eine Blütenlese der in dem Kapitel, das Moebius ekelhaft nennt, angesammelten Behauptungen und Schlüsse folgen:

„In der That muss ich die allgemeine Ansicht, welche ich lange geteilt habe, völlig verfehlt nennen, die Ansicht, dass das Weib monogam und der Mann polygam sei. Das Umgekehrte ist der Fall." Besser, es muss der Fall sein, sonst würde es ja nicht zur Rechnung passen. „Für die Frau ist der Ehebruch ein kitzelndes Spiel, in welchem der Gedanke der Sittlichkeit gar nicht, nur die Motive der Sicherheit und des Rufes mitsprechen. Es gibt kein Weib, das in Gedanken ihrem Manne nie untreu geworden wäre, ohne dass es darum dieses auch schon sich vorwürfe. Denn das Weib geht die Ehe zitternd und voll unbewusster Gier ein und bricht sie, da es kein der Zeitlichkeit entrücktes Ich hat, so erwartungsvoll und gedankenlos, wie es sie geschlossen hat." „Das Verhältnis der Mutter zum Kinde ist in alle Ewigkeit ein System von reflexartigen Verbindungen ..... eine nie unterbrochene Leitung zwischen der Mutter und allem, was je durch eine Nabelschnur mit ihr verbunden war: das ist das Wesen der Mutterschaft, und ich kann darum in die allgemeine Bewunderung der Mutterliebe nicht einstimmen, sondern muss gerade das an ihr verwerflich finden, was an ihr so oft gepriesen wird, ihre Wahllosigkeit." Das Höchste leistet er dann mit den Worten: „Ihre Stellung ausserhalb des Gattungszweckes stellt die Hetäre in gewisser Beziehung über die Mutter, soweit dort von ethisch höherem Standort überhaupt die Rede sein kann, wo es sich um zwei Weiber handelt." (!) „Nur solche Männer fühlen sich von der Mutter angezogen, die kein Bedürfnis nach geistiger Produktivität haben. Bedeutende Menschen haben stets nur Prostituierte geliebt." In einem späteren Kapitel heisst es auch: „Unendlich viel in der Frauenbewegung ist nur ein Hinüberwollen von der Mutterschaft zur Prostitution; sie ist als ganzes mehr Dirnenemancipation als Frauenemancipation und sicherlich ihren wirklichen Resultaten nach vor allem ein mutigeres Hervortreten des kokottenhaften Elementes im Weibe." Weiter: „Die Sensationen des Koitus sind prinzipiell keine anderen Empfindungen, als wie sie das Weib sonst kennt; sie zeigen dieselben nur in höchster Intensifikation; das ganze Sein des Weibes offenbart sich im K., aufs höchste potenziert." „Der lügt oder hat nie gewusst, was Liebe ist, der behauptet, eine Frau noch zu lieben, die er begehrt: so verschieden sind Liebe und Geschlechtstrieb. Darum wird es auch fast immer als eine Heuchelei empfunden, wenn einer von Liebe in der Ehe spricht." „Ich möchte sogar sagen, es gibt nur platonische Liebe. Denn was sonst noch Liebe genannt wird, gehört in das Reich der Säue." (!) Man wird nun bereits merken, worauf die Sache hinausgeht. In dem „Erotik und Ästhetik" betitelten Kapitel wird zunächst natürlich der Frau auch jedes Gefühl für Ästhetik abgesprochen. „Das Weib besitzt keinen freien Willen und so kann ihm auch nicht die Fähigkeit verliehen sein, Schönheit in den Raum zu projizieren. Damit ist aber auch gesagt, dass die Frau nicht lieben kann."

Trotzdem Weininger der Frau den freien Willen, jene erste juristische Voraussetzung, genommen hat, betont er drei Seiten später mit rührender Naivität: „Die rechtliche Gleichstellung von Mann und Weib kann man sehr wohl verlangen, ohne darum an die moralische und intellektuelle Gleichheit zu glauben. Vielmehr kann ohne Widerspruch zu gleicher Zeit jede Barbarei des männlichen wider das weibliche Geschlecht verdammt und braucht doch der ungeheuerste kosmische Gegensatz und Wesensunterschied nicht verkannt zu werden. Denn der tiefstehendste Mann steht noch unendlich hoch über dem höchststehenden Weibe." Wo hier wohl die Logik bleibt? Das Weiningersche weibliche Wesen ist ja forensisch absolut unzurechnungsfähig; eine freie Willensbestimmung ist ja total ausgeschlossen; man müsste schleunigst über sämtliche Frauen Kuratel verhängen. Man denke sich nur ein solches Weib nach Weininger als Zeugin; wie soll man sie denn als gleichberechtigt nehmen, wenn sie, „die abgrundtiefe Verlogenheit“ repräsentierend, doch erst weit hinter dem tiefstehendsten Manne kommt? Ein Weib mit starkem W-Gehalt würde einem kompletten Idioten gleichkommen. Wenn Weininger konsequent gewesen wäre, hätte er das weibliche Geschlecht ausnahmslos aus dem Gerichtssaale verbannen müssen.

Um hinter den eigentlichen Zweck des weiblichen Seins zu kommen, führt Weininger in einem Kapitel „das Wesen des Weibes und seine Stellung im Universum“ fort, müsse von einem Phänomen ausgegangen werden, das, so alt und bekannt es sei, noch nirgends und niemals einer Beachtung oder gar Würdigung wert befunden worden sei. Es sei das Phänomen der Kuppelei, welches den eigentlichsten, den tiefsten Einblick in die Natur des Weibes gestatte. „Das Bedürfnis selbst k....[3] zu werden, ist zwar das heftigste Bedürfnis der Frau, aber es ist nur ein Spezialfall ihres tiefsten, ihres einzigen vitalen Interesses, das nach dem K.... überhaupt geht, des Wunsches, dass möglichst viel, von wem immer, wo immer, wann immer k...... werde.“ „Mit Verheirateten (Männern) wird darum so selten Ehebruch begangen, weil diese der Idee, welche in der Kuppelei liegt, bereits genügen.“ „Es lässt sich absolut nichts anderes als die positive allgemeine weibliche Eigenschaft prädizieren als die Kuppelei, das ist die Thätigkeit im Dienste der Idee des K...... überhaupt.“ Das System entwickelt sich, wie man sieht. „Wenn Weiblichkeit Kuppelei ist (und das hat der Philosoph ja eben bewiesen), so ist Weiblichkeit universelle Sexualität. Der Geschlechtsverkehr ist der höchste Wert der Frau; ihn sucht sie immer und überall zu verwirklichen.“ Demnach erhält das Weib Existenz und Bedeutung nur, indem der Mann sexuell wird. Damit ist die Stellung des Weibes im Universum fixiert; sie ist lediglich Verkörperung der allgemeinen Sexualität, die nach Weininger Unsittlichkeit ist. „Einen wahrhaft bedeutenden Menschen, der im Geschlechtsverkehr mehr sähe, als einen tierischen, schweinischen, ekelhaften Akt oder gar in ihm das tiefste heiligste Mysterium vergötterte, wird es, kann es niemals geben“, ruft er aus. Dementsprechend kann er z. B. von Wilhelm Bölsche gar nicht verachtungsvoll genug reden: „Die grosse Vereinigung von natürlicher Zuchtwahl und natürlicher Unzuchtswahl, deren schmählicher Apostel sich Wilhelm Bölsche nennt“ schreibt Weininger einmal. Mit so absoluter Sicherheit predigt er seine Lehre, dass er sich zu der Behauptung versteigen kann: „Es ist klar, dass wenn auch nur ein einziges, sehr weibliches Wesen innerlich asexuell wäre oder in einem wahrhaften Verhältnis zur Idee des sittlichen Eigenwertes stünde, alles was hier von der Frau gesagt wurde, seine allgemeine Gültigkeit als psychisches Charakteristikum ihres Geschlechtes sofort unmittelbar verlieren müsste.“ „Das absolute Weib, dem Individualität und Wille mangeln, das keinen Teil am Werte und an der Liebe hat, ist vom höheren transscendenten, metaphysischen Sein ausgeschlossen. Die intelligible, hyperempirische Existenz des Mannes ist erhaben über Stoff, Raum und Zeit; in ihm ist Sterbliches genug, aber auch Unsterbliches. Und er hat die Möglichkeit zwischen beiden zu wählen: zwischen jenem Leben, das mit dem Tode vergeht und jenem, für welches dieser erst eine Herstellung in gänzlicher Reine bedeutet." „Der Mann birgt in sich die Möglichkeit zum absoluten Etwas (= Gott) und zum absoluten Nichts ... Das Weib sündigt nicht; denn es ist selbst die Sünde als Möglichkeit im Manne. Der reine Mann ist das Ebenbild Gottes, des absoluten Etwas, das Weib, auch das Weib im Manne, ist das Symbol des Nichts: Das ist die Bedeutung des Weibes im Universum und so ergänzen sich Mann und Weib." „Die Frauen haben keine Existenz und keine Essenz; sie sind nicht, sie sind nichts. Man ist Mann oder man ist Weib, je nachdem man wer ist oder nichts." „Das Weib ist nicht Mikrokosmos; es ist nicht nach dem Ebenbilde der Gottheit entstanden. Ist es also noch Mensch? Oder ist es Tier? Oder Pflanze?" Es kann mir natürlich nicht einfallen, mich des Langen über diesen Unsinn zu ergehen; diese Sätze sprechen ja wohl für sich selbst. Ich kann es aber dem Leser nicht ersparen, mit mir weiter durch diese Flut von Unsinn zu waten; denn nur so entwickelt sich das ganze System Weiningers klar. Ich bin selbst mehrmals daran gewesen, die Feder wegzulegen, weil mir meine Zeit leid that; nur der Gedanke, vielleicht doch etwas zu nützen, liess mich dann weiterfahren. Moebius sagt, beim 13. Kapitel habe „die Übelkeit über seinen guten Willen gesiegt." Man wird ihm dies nachfühlen können; wers nicht kann, dem ist wohl nicht zu helfen. Nach dieser kleinen Pause will ich weiter an die Arbeit gehen.

Weininger proklamiert also: Das Weib besitzt keine Seele. „Vielleicht hat der Mann bei der Menschwerdung durch einen metaphysischen, ausserzeitlichen Akt das Göttliche, die Seele, für sich allein behalten?" Nun kommt das dicke Ende. Das Weib, die Verkörperung des Bösen, ist eine Folge des männlichen Wunsches nach dem K...., folglich eine Schuld des Mannes; das Weib muss also erlöst werden. Alles, was Weininger bisher gesagt, war nur die Einleitung zur Hauptsache, zur Erlöseridee des Weibes. Weininger als der Erlöser! „Darum ist dieses Buch die grösste Ehre, welche den Frauen je erwiesen worden ist." Es ist allerdings recht schwierig, das arme Weib nun zu erlösen, nachdem es so tief gestürzt worden ist; man sollte sogar glauben, als Verkörperung des Nichts, sei es nicht wandlungsfähig; das scheint aber nur so; ein Taschenspielerkunststückchen und dann ein bischen Logik und die Sache ist gemacht; man höre: „Das Weib ist nichts und darum, nur darum, kann es alles werden; während der Mann stets nur werden kann, was er ist." Und nun zur Erlösung:

„Der Fluch, den wir auf dem Weibe lastend ahnten, ist der böse Wille des Mannes. Als der Mann sexuell ward, schuf er das Weib. Dass das Weib da ist, heisst also nichts anderes, als dass vom Manne die Geschlechtlichkeit bejaht wurde .... Der Mann hat das Weib geschaffen und schafft es immer neu, so lange er noch sexuell ist .... Indem er auf den Geschlechtsverkehr nicht verzichtet, ruft er das Weib hervor. Das Weib ist die Schuld des Mannes." Daraus dann die logische Glanzleistung: „Wenn Weib Schuld ist und Weiblichkeit Kuppelei bedeutet, so nur, weil alle Schuld von selbst sich zu vermehren trachtet." Der Gipfel des Systems ist nun erstiegen: „Der Mann kann das ethische Problem für seine Person nicht lösen, wenn er in der Frau die Idee der Menschheit immer wieder negiert, indem er sie als Genussmittel benützt ... Die Frau muss dem Geschlechtsverkehr innerlich und wahrhaftig aus freien Stücken entsagen. Das bedeutet nun allerdings: das Weib muss als solches untergehen, und es ist keine Möglichkeit für eine Aufrichtung des Reiches Gottes auf Erden (!), ehe dies nicht geschieht .... Hiermit erst, auf dem höchsten Gesichtspunkt des Frauen- als des Menschheitsproblems ist die Forderung der Enthaltsamkeit für beide Geschlechter gänzlich begründet." Das ist des Pudels Kern. Sollte jemand wagen, die Befürchtung auszusprechen, dass ja bei allgemeiner totaler Abstinenz vom Geschlechtsverkehr die Menschheit aufhören müsste, zu existieren, dem antwortet der Träger des neuen Heils voll Verachtung: „In dieser merkwürdigen Befürchtung, welcher der schrecklichste Gedanke der zu sein scheint, dass die Gattung aussterben könnte, liegt nicht allein äusserster Unglaube an die individuelle Unsterblichkeit und ein ewiges Leben der sittlichen Individualität, sie ist nicht nur verzweifelt irreligiös: man beweist mit ihr zugleich seinen Kleinmut, seine Unfähigkeit ausser der Herde zu leben ..." Wer seine (Weiningers) Lehre klar erfasst habe, „der würde den leiblichen Tod nicht fürchten und nicht für den mangelnden Glauben an das ewige Leben das jämmerliche Surrogat in der Gewissheit des Weiterbestehens der Gattung suchen."

Übrigens ist Weininger nicht so grausam, als es auf den ersten Blick scheinen möchte; der gewöhnliche Mensch könnte meinen, mit dem Aufhören der menschlichen Gattung sei eine unendliche Reihe von kommenden Individuen vernichtet; das ist aber falsch; in Wirklichkeit wird durch allgemeine sexuelle Abstinenz keine einzige Individualität vernichtet. In den „letzten Dingen" offenbart nämlich Weininger die Existenz der Seele vor der Geburt. Folgende Aussprüche werden genügen: „Man liebt seine physischen Eltern; darin liegt wohl ein Hinweis darauf, dass man sie erwählt hat." „Die Geburt ist eine Feigheit: Verknüpfung mit anderen Menschen, weil man nicht den Mut zu sich selbst hat. Darum sucht man Schutz im Mutterleibe." „Aus unserem Zustande vor der Geburt ist vielleicht darum keine Erinnerung möglich, weil wir so tief gesunken sind durch die Geburt: wir haben das Bewusstsein verloren und gänzlich triebartig geboren zu werden verlangt, ohne vernünftigen Entschluss und ohne Wissen und darum wissen wir gar nichts von dieser Vergangenheit." „Hätte der Mensch sich nicht verloren bei der Geburt, so müsste er sich nicht suchen und wieder finden."

Damit wäre das System der Weiningerschen „Philosophie" dargestellt. Ein Kapitel in dem Hauptwerke habe ich bis jetzt übergangen, das Kapitel über das Judentum. Moebius sagt, dass es ebenso gut hätte wegbleiben können. Für die Beurteilung des Falles halte ich aber dieses Kapitel für ganz besonders wertvoll; Moebius kannte zur Zeit, als er über das Buch schrieb, zu wenig Daten und vor allem die „letzten Dinge" und das Ende des Verfassers nicht, sonst würde er wohl in dem Kapitel bedeutsame Fingerzeige gesehen haben. Es ist nämlich eine vollkommene Beweisführung, warum er, Weininger, ein neuer Messias sei, in diesem Kapitel enthalten. Auch kann man an diesem Kapitel so gut wie kaum sonst die ursprüngliche Quelle nachweisen. H. St. Chamberlain widmet in seinen „Grundlagen des neunzehnten Jahrhunderts" (Bruckmann, München 1900) dem Wesen des Juden- und Christentums grosse Beachtung; die betreffenden Kapitel (bes. Bd. I, 206-458) haben ungeheueren Einfluss auf Weininger ausgeübt; nur hat sich Weininger die ausgezeichneten Ausführungen Chamberlains über das Judentum und über Christus für sein eigenes System zurechtgemodelt und entstellt. Chamberlain sagt, dass Christus der Überwinder des Judentumes sei, dass er Herr des alten Adams geworden sei durch eine mächtige Umkehr des Willens. Es heisst dort z. B. I, 206: „Jene Umkehr des Willens aber, jener Eintritt in das verborgene Reich Gottes, jenes von neuem Geborenwerden, welches die Summe von Christi Beispiel ausmacht, bedingt ohne weiteres eine völlige Umkehr der Empfindungen." Ferner: „Die Erscheinung Christi auf Erden hat die Menschheit in zwei Klassen gespalten. Sie erst schuf den wahren Adel und zwar echten Geburtsadel; denn nur, wer erwählt ist, kann Christ sein." Von grossem Einfluss auf Weininger, als er noch nicht in die herrliche Wandlung eingetreten war, dürften folgende Worte Chamberlains gewesen sein, die vielleicht sogar direkt den Konvertierungsgedanken bei Weininger anregten: „Es wäre sinnlos, einen Israeliten echtester Abstammung, dem es gelungen wäre, die Fesseln Esras und Nehemias abzuwerfen, in dessen Kopf die Gesetze Moses und in dessen Herz die Verachtung anderer keine Stätte mehr findet, einen Juden zu nennen" (I. 458). Denn nach Paulus sei nur das ein Jude, das inwendig verborgen sei. Chamberlain ist aber dafür auch so ziemlich der einzige aller Lebenden, dem Weininger anscheinend unbedingte Hochachtung zollt, abgesehen von Ibsen und den Wiener Neurologen Freud und Breuer. Wenigstens liefert Weininger einmal eine schauerliche Abhandlung über die Hysterie, wo er in analoger Weise wie beim Judentum die Ansichten Freuds in wirklich komischer Weise entstellt auftischt und denselben nachsichtig auf einige Irrtümer aufmerksam macht. Doch nun zu Weiningers Kapitel des Judentums. „Man darf das Judentum nur für eine Geistesrichtung, für eine psychische Konstitution halten, welche für alle

Menschen eine Möglichkeit bildet und im historischen Judentum bloss die grandioseste Verwirklichung gefunden hat. Dass dem so ist, wird durch nichts anderes bewiesen als durch den Antisemitismus ... Im aggressiven Antisemiten wird man immer selbst gewisse jüdische Eigenschaften wahrnehmen ... Wie man am anderen nur liebt, was man gerne ganz sein möchte und doch nie ganz ist, so hasst man im anderen nur, was man nimmer sein will und doch immer zum Teil noch ist. So erklärt es sich, dass die allerschärfsten Antisemiten unter den Juden zu finden sind." Diese grundlegenden Sätze werden als Thatsachen aufgestellt; nimmt man sie als bewiesen, so können die kühnsten Schlüsse erfolgen. Das alte Spiel, das sehr an die Geschichte von den Kretensern und vom Lügen erinnert.

Weininger ist selbst der schärfste Antisemit. „Der echte Jude wie das echte Weib leben beide nur in der Gattung, nicht als Individualitäten. Hieraus erklärt sich, dass die Familie (als biologischer, nicht als rechtlicher Komplex) bei keinem Volk auf der Welt eine so grosse Rolle spielte wie bei den Juden; die Familie in diesem Sinne ist eben weiblichen, mütterlichen Ursprungs[4] und hat mit dem Staate, mit der Gesellschaftsbildung nichts zu thun. Die Zusammengehörigkeit der Familienmitglieder nur als Folge des gemeinsamen Dunstkreises ist am engsten bei den Juden. Jedem indogermanischen Mann, dem begabteren stets mehr als dem mittelmässigen, aber auch dem gewöhnlichsten noch, ist dies eigen, dass er sich mit seinem Vater nie völlig verträgt: weil ein jeder einen, wenn auch noch so leisen, unbewussten oder bewussten Zorn auf denjenigen Menschen empfindet, der ihn, ohne ihn zu fragen, zum Leben genötigt ..." Weiter: der Jude steckt also nicht nur am tiefsten in der Familie, sondern er ist auch „stets lüsterner, geiler, wenn auch merkwürdigerweise im Zusammenhang mit seiner nicht eigentlichen antimoralischen Natur, sexuell weniger potent als der arische Mann. Nur Juden sind echte Heiratsvermittler." Natürlich: Kuppelei = W = Nichts = Jude, woraus die Analogie zum Weib hergestellt ist; „der absolute Jude ist seelenlos." „Aus ihrem Mangel an Tiefe wird auch klar, weshalb die Juden keine ganz grossen Männer hervorbringen können, weshalb dem Judentum wie dem Weibe die höchste Genialität versagt ist." „Der Jude ist der unfromme Mensch im weitesten Sinne." „Das Judentum ist das Böseste überhaupt[5]." Nun wird der Gegensatz intoniert: „Der Jude freilich, der überwunden hätte, der Jude, der Christ geworden wäre, besässe allerdings auch das volle Recht, vom Arier als Einzelner genommen und nicht nach einer Rassenangehörigkeit mehr beurteilt zu werden, über die ihn sein moralisches Streben längst hinausgehoben hätte." Und weiter: „Jene unbegreifliche Möglichkeit der vollständigen Wiedergeburt eines Menschen, der alle Jahre und Tage seines früheren Lebens als böser Mensch gelebt hat, dieses hohe Mysterium ist in jenen sechs oder sieben Menschen verwirklicht, welche die grossen Religionen der Menschen gegründet haben. Hierdurch scheiden sie sich vom eigentlichen Genie: In diesem überwiegt von Geburt an die Anlage zum Guten. Alle Genialität ist nur höchste Freiheit vom Naturgesetz. Wenn sich dies so verhält, dann ist der Religionsstifter der genialste Mensch. Denn er hat am meisten überwunden." Weininger, früher der böse Mensch, wird Überwinder und lehrt eine neue Religion. Wers noch nicht glaubt, dem gehen vielleicht bei den nächsten Äusserungen die Augen auf: „Christus ist der Mensch, der die stärkste Negation, das Judentum, in sich überwindet und so die stärkste Position, das Christentum, als das dem Judentum Entgegengesetzte schafft." Weininger hat ebenfalls das Judentum überwunden und ausserdem die noch stärkere Negation, das Weib. Dass die Juden eigentlich doch auch Männer sind, bildet den Pferdefuss in der Deduktion; aber sie sind eben eine Ausnahme von W nur dadurch, dass sie „gut begrifflich" veranlagt seien. Natürlich vermag Weininger, wie er sich ausdrückt, nicht mit Chamberlain zu glauben, dass die Geburt des Heilands in Palästina ein blosser Zufall sein könne (NB. behauptet das aber Chamberlain gar nicht cf. z. B. Grundlagen I, 249). „Christus war ein Jude", erklärt Weininger, „aber nur um das Judentum in sich am vollständigsten zu überwinden; denn wer über den mächtigsten Zweifel gesiegt hat, der ist der gläubigste, wer über die ödeste Negation sich erhoben, der positivste Bejaher. Christus ist der grösste Mensch, weil er am grössten Gegner sich gemessen hat. Vielleicht ist er der einzige Jude und wird es bleiben, dem dieser Sieg über das Judentum gelungen: der erste Jude wäre der letzte, der ganz und gar Christ geworden ist; vielleicht liegt aber auch heute noch im Judentum die Möglichkeit, den Christ hervorzubringen; vielleicht sogar muss auch der nächste Religionsstifter abermals durch das Judentum hindurchgehen." (!) Ausdrücklich weist Weininger dann darauf hin, dass „unsere Zeit nicht nur die jüdischste, sondern auch die weibischste aller Zeiten sei," um dann zu erklären: „Dem neuen Judentum (!) entgegen drängt ein neues Christentum zum Licht; die Menschheit harrt des neuen Religionsstifters und der Kampf drängt zur Entscheidung wie im Jahre Eins." Kommentar ist überflüssig.

Mit seiner Erlöseridee hängt es auch zusammen, dass seine Stellung zu Wagner sich so gründlich änderte; Weininger erblickte nämlich in Wagners Parzifal, den er auch deshalb „die tiefste Dichtung der Weltlitteratur" nennt, Christus und seine eigene Person.

Das bis jetzt zusammengestellte Material ist genügend zur Beantwortung der Hauptfrage, ob Weininger geisteskrank und welcher Art diese geistige Störung gewesen sei. Somit könnte die Exploration in einem gewissen Sinne für abgeschlossen erklärt werden. Trotzdem würde die Untersuchung nicht vollständig sein, wenn sie nicht noch einige andere Gebiete streifte. Ich will daher noch durch Citate aus Weiningers Schriften den Stand seiner sonstigen Kenntnisse und Anschauungen darlegen und endlich zum Schlusse die Elaborate seiner letzten Lebenstage vorführen, die wohl keinen Vernünftigen zweifeln lassen werden, dass sie von keinem geistig Gesunden stammen.

Wie in allen Dingen, so ist Weininger auch in Litteratur mit einem sehr scharfen Urteil begabt. Neben dem Text von Wagners „Parzifal“ steht ihm am höchsten Ibsens „Peer Gynt“. Warum, kann man sich denken. „Es ist ein Erlösungsdrama und zwar der grössten eines, um es nur gleich zu sagen. Tiefer und allumfassender als irgend ein Drama Shakespeares, ohne an Schönheit hinter diesen zurückzubleiben, an sinnlichem Glanze allen anderen Werken Ibsens überlegen, steht es an Bedeutung der Konzeption ebenbürtig neben, an Gewalt der Durchführung weit über Goethes „Faust“ und reicht beinahe hinan zu den Höhen des „Tristan“ und des „Parzifal“ von Wagner.“ Hanslick sagt einmal („Aus meinem Leben“ 1894, II, 234), dass man in fünfzig Jahren die Schriften der Wagnerianer als Monumente einer geistigen Epidemie anstaunen werde. So weit ich mich erinnere, hat sich aber kaum einer zu solcher Höhe verstiegen wie Weininger. Nach ihm ist „Wagner der Mensch mit dem grössten Naturempfinden, das je ein Mensch besessen hat. Gegen sein „Rheingold“ gehalten, verblassen selbst Goethes Lieder von allem Wasser in Nebel, Wolken und Fluss ...“ Die Wagnersche Dichtung (NB. nicht die Musik) ist „der Tiefe der Konzeption nach die grösste Dichtung der Welt. Es sind die gewaltigsten Probleme, die je ein Künstler sich zum Vorwurf gewählt hat, bedeutender noch als die Probleme des Aischylos und Dante, Goethes, Ibsens und Dostojewskis, um von den Problemen Shakespeares zu schweigen ... Das alles stellt Wagner hoch über Goethe, dessen letztes Wort doch nur das vom „Ewig-Weiblichen“, die Erlösung des Mannes durch das Weib ist.“ Man wird wohl merken, warum Goethe und Shakespeare so wenig bei Weininger gelten. An anderer Stelle („Geschlecht und Charakter“ 408/409) findet sich noch folgendes über Wagner: „Richard Wagner, der tiefste Antisemit, ist von einem Beisatz von Judentum selbst in seiner Kunst nicht freizusprechen, so gewiss er neben Michelangelo der grösste Künstler aller Zeiten ist, so wahrscheinlich er geradezu den Künstler in der Menschheit überhaupt repräsentiert. Ihm war das Judentum die grosse Hilfe, um zur klaren Erkenntnis und Bejahung des anderen Poles in sich zu gelangen, zum Siegfried und Parzifal sich durchzuringen und dem Germanentum den höchsten Ausdruck zu geben, den es wohl je in der Geschichte gefunden hat.“

Heine entbehrt natürlich fast jeder Grösse, aber nur weil er Jude ist. Keller und Storm werden ebenfalls „jeder Grösse entbehrende Idylliker“ genannt. Ganz unleidlich ist für Weininger der arme Schiller; er gehört zu den Juden und wird in einem kleinen Aufsatz in den „letzten Dingen“ einfach vernichtet: „Was ist es doch, das an jenen Gedichten so beleidigt? Es ist das Verletzende an Schiller überhaupt; es ist seine Freude am Chor, an der Herde; sein ganz ungeniales Glücksgefühl, gerade in der Zeit zu leben, in der er lebte ... Er ist auch der eigentliche Schöpfer des Ästhetentums, das unter den modernen Juden die meisten Anhänger zählt: es flüchtet vor aller Tiefe oder heuchelt Tiefe, um den Schein retten zu können ... Einen Journalisten dürfte ich ihn mit Grund nennen ... Was ihn aber endgültig zum Journalisten stempelt, ist seine Rührseligkeit, die von einem tragischen Geschehnis schwätzt, wenn ein Mensch auf der Gasse überfahren wird; und es ist vor allem jene Bindung an den Tag und die Stunde, jene Philistrosität, die sich am kosmischesten gestimmt dann fühlt, wenn ein Jahrhundertwechsel vor sich geht. In Schiller hasst die journalistische Moderne nur sich selbst." Und Moebius hatte gewagt, Weininger den Rat zu geben, Feuilletons zu schreiben! Man begreift der Freunde Ingrimm ob so gänzlicher Verkennung. Spinoza, als Jude, ist ebenfalls „riesig überschätzt". Die englischen Philosophen sind sämtlich Flachköpfe, natürlich „weil aus England die seelenlose Psychologie gekommen ist"; „es gehört zwar nicht eben viel dazu, der grösste englische Philosoph zu sein; aber Hume hat auch auf diese Bezeichnung nicht den ersten Anspruch."

Sehr niedlich sind auch die Belehrungen, die wir über Nietzsche empfangen. „Nietzsche war lange Sucher; erst als Zarathustra that er den Priestermantel um und da stiegen nun jene Reden vom Berge herunter, die bezeugen, wie viel Sicherheit er durch die Verwandlung gewonnen hat." Man sieht, viel Kritik hat Weininger eben nicht besessen; hier läuft er mit der von ihm so sehr gehassten Herde. Das Gesamturteil des jungen Mannes über Nietzsche dürfte auch ein neues Licht auf dessen Todesursache werfen: „Nietzsche war nicht gross genug, um sich selbständig aus eigener Kraft in Reinheit zu Kant durchzuringen, den er nie gelesen hatte. Darum ist er nie bis zur Religion gelangt: als er das Leben am leidenschaftlichsten bejahte, da verneinte das Leben ihn — jenes Leben nämlich, das sich nicht belügen lässt. Aus dem Mangel an Religion erklärt sich Nietzsches Untergang. Ein Mensch kann an nichts anderem zu Grunde gehen als an einem Mangel an Religion ..."

Für die Modernen hat Weininger übrigens nichts übrig; so spricht er z. B. von ihrer „Schuljungenopposition gegen alle Grössen der Historie." Alle Sprachkritiker, „von Baco bis auf Fritz Mauthner" sind nach seiner Ansicht „Flachköpfe".

Besonders lehrreich sind auch Weiningers Anschauungen über die Naturwissenschaften und über die Medizin. Nach seiner Ansicht hat das Judentum die Wissenschaft ruiniert; er predigt die Rückkehr zur Naturheilkunde und enthüllt in seiner letzten Zeit die sonderbarsten Theorien über Entstehung und Wesen von Krankheiten. „Machen, das ist das Wort für den heutigen Fabrikbetrieb des Erkennens, in welchem die Vorsteher der grossen Laboratorien und Seminarien die Funktionen kapitalistischer Industriebarone vortrefflich ausfüllen. „Quellen" heisst es in der Geschichtsforschung, „Versuchsreihen" in der exakten Wissenschaft. Despotisch herrschen die Zahl, die Statistik, die Fehlermethode, die genaue Gewichtsanalyse. Nicht ohne tiefe Berechtigung hat diese Wissenschaft alle ihre Feststellungen als gleich wichtig verkündet. Die Akademien der Wissenschaften sind die mächtige Gerusia des Staates, die fürchterlichen Grossmütter der europäischen Kultur und sie hüten und mehren das Erbe." So kann der alte Schopenhauer reden; im Munde des Jünglings nehmen sich die Worte sonderbar aus; aber man darf eben nie vergessen, dass er von Erfahrung absieht und dass er bei seinem turmhohen Standpunkt anders beurteilt werden muss. „Die Totengräber Darwins sind schon am Werke", erklärt er mit Ruhe. „Die biologische Betrachtungsweise, wie man sie heute versteht, ist nichts anderes als eine utilitaristische; sie erweitert die utilitaristischen Gesellschaftsprinzipien berühmter englischer Flachköpfe zu einer des Pflanzen-und Tierreiches." „Wie die Juden am eifrigsten den Darwinismus und die lächerliche Theorie von der Affenabstammung des Menschen aufgriffen, so wurden sie beinahe schöpferisch als Begründer jener ökonomischen Auffassung des menschlichen Geschlechtes, welche den Geist aus der Entwickelung des Menschengeschlechtes am vollständigsten streicht. Früher die enragiertesten Anhänger Büchners, sind sie jetzt die begeistertsten Vorkämpfer Ostwalds." Erst durch die Juden ist „das unkeusche Anpacken der Dinge in die Naturwissenschaft gekommen." „Mit dem Einfluss jüdischen Geistes hängt es auch zusammen, dass die Medizin, welcher ja die Juden so scharenweise sich zuwenden, ihre heutige Entwickelung genommen hat. Stets von den Wilden bis zur heutigen Naturheilbewegung, von der sich die Juden bezeichnenderweise gänzlich fern gehalten haben, hatte alle Heilkunst etwas Religiöses, war der Medizinmann ein Priester. Die bloss chemische Richtung in der Heilkunde, das ist das Judentum." Und doch ist „mit der Chemie nur den Exkrementen des Lebenden beizukommen." Weininger ipse sacerdos medicusque; wir werden gleich sehen:

„Die heutige Gesundheitspflege und Therapie ist eine unsittliche und darum erfolglose; sie sucht von aussen nach innen, statt von innen nach aussen zu wirken. Sie entspricht dem Tätowieren des Verbrechers: Dieser verändert sein Äusseres von aussen her, statt durch eine Änderung der Gesinnung. Jede Krankheit hat psychische Ursachen und jede muss vom Menschen selbst, durch seinen Willen, geheilt werden; er muss sein Inneres selbst zu erkennen suchen. Alle Krankheit, nicht nur die Hysterie, ist nur unbewusst geworden, in den Körper gefahrenes Psychische; so wie dieses in das Bewusstsein hinaufgehoben wird, ist die Krankheit geheilt." „Jede Krankheit ist Schuld und Strafe; alle Medizin muss Psychiatrie und Seelsorge werden. Es ist irgend etwas Unmoralisches, d. h. Unbewusstes, das zur Krankheit führt; und jede Krankheit ist geheilt, sobald sie vom Kranken als innerlich erkannt und verstanden ist. „Krankheiten sind vielleicht alle nur Vergiftungen; der Seele fehlt der Mut, das Gift ins Bewusstsein zu heben und dort im Kampfe unschädlich zu machen. Darum wirkt es im Körper weiter. Eine solche Vergiftung ist wohl sicher die Gicht; sie dürfte stets auf unmoralische Sexualität zurückgehen." Diese ganze Lehre findet sich in den „Letzten Dingen"; glatter Wahnsinn spricht aus den beiden folgenden Äusserungen, die Weininger in den letzten Tagen vor seinem Tode geschrieben: „Krankheit ist ein Spezialfall von Neurasthenie. Krankheit ist Neurasthenie im Körper." „Den Übergang von Neurasthenie zur Krankheit muss Hautkrankheit bilden." Wichtig für Psychiater ist auch die Erkenntnis: „Aller Wahnsinn entsteht nur aus der Unerträglichkeit des an alle Bewusstheit geknüpften Schmerzes." Auch dass die Engländer „sämtlich Masochisten" seien, dürfte interessieren. „Dass ein Mensch irrsinnig wird, ist nur durch eigene Schuld möglich." Über die Hysterie stellt Weininger Behauptungen auf, die umwälzend sein sollen. Ohne Erfahrung weiss er da alles besser. „Die hygienische Züchtigung für die Verleugnung der eigentlichen Natur des Weibes ist die Hysterie; sie ist die organische Krisis der organischen Verlogenheit des Weibes." Dies die Quintessenz; wer den Blödsinn in extenso geniessen will, kann ihn in „Geschlecht und Charakter" S. 357-375 nachlesen.

Aus den vielen Äusserungen, die Weininger über Epilepsie, besonders in seiner letzten Periode, macht, möchte man annehmen, dass er sich für einen Epileptiker gehalten habe. „Der epileptische Anfall ist an das momentane Erlöschen der Fähigkeit zur Apperzeption geknüpft, und wenn es heisst, dass Verbrechen oft im epileptischen Anfall begangen werden, so sollte es wohl umgekehrt ausgedrückt werden: sie werden gegen den epileptischen Anfall begangen, dessen drohende Nähe verspürt wird .... Gegen die furchtbarste Hilflosigkeit, welche in der Epilepsie zum Ausdruck kommt, flüchtet er in den Mord — oft auch in die Frömmelei und Bigotterie .... Ist die Epilepsie nicht die Einsamkeit des Verbrechers? Fällt er nicht, weil er nichts mehr hat, an das er sich anhalten könnte?" „Epilepsie ist völlige Hilflosigkeit, Fallsucht, weil der Verbrecher Spielball der Gravitation geworden ist. Der Verbrecher tritt nicht auf (sic). Gefühl des Epileptikers: Wie wenn das Licht erlischt und völlig jeder äussere Halt fehlt. Ohrensausen beim Anfall: Vielleicht tritt, wenn das Licht fehlt, Schall ein? „Der Epileptiker hat Visionen von roter Farbe: Hölle, Feuer."

Wie schon früher erwähnt, erschien für Weininger in seiner letzten Zeit alles Symbol, alles von geheimer Bedeutung durchdrungen. In den „letzten Dingen" befinden sich unter „Tierpsychologie" und „letzten Aphorismen" fast lauter diesbezügliche Gedanken. Aus ihnen leuchtet aber der helle Wahnsinn; der Vater des Armen hält sie für „Keime zu einer späteren Ausarbeitung" und hätte ihre Veröffentlichung am liebsten unterdrückt gesehen. Einige Proben werden genügen:

„Das Auge des Hundes ruft den Eindruck hervor, dass der Hund etwas verloren habe ... Was er verloren hat, ist das Ich, der Eigenwert, die Freiheit." „Die Furcht vor dem Hunde ist ein Problem; warum giebt es keine Furcht vor dem Pferde, vor der Taube? Es ist die Furcht vor dem Verbrecher. Der Feuerschein, der dem schwarzen Hunde folgt (!), ist das Feuer, die Vernichtung, die Strafe, das Schicksal des Bösen." „Die Hundswut ist eine merkwürdige Form; vielleicht der Epilepsie verwandt, in welcher dem Menschen ebenfalls Schaum vor den Mund tritt." Man bemerke den dahinter steckenden Schluss. Der in Depression befindliche Kranke schliesst, da er sich für epileptisch hält: Hund = Symbol des Bösen = Epilepsie = Weininger. „Lange nicht mit gleicher Sicherheit wie beim Hund, aber doch als aufklärender Gedanke, kam mir der Einfall, dass das Pferd den Irrsinn repräsentiere. Hierfür spricht das Alogische im Benehmen des Pferdes, das Nervöse und Neurasthenische, das dem Irrsinn verwandt ist ..... Der Hund bellt das Pferd an: weil der Böse das Gute anbellt." „Der Vogel ist die Sehnsucht der Schildkröte (des verschlossenen Menschen, der die Umkehr vollzieht, aber noch immer nicht fliegt)." „Entspricht nicht das pflanzenhafte Sein der Neurasthenie? Den Mangel an Bewegungsfähigkeit im Neurastheniker würde das wohl erklären. Der Neurastheniker ist anämisch: mangelnde Centralisation der Pflanze: schliesslich hat die Pflanze keine Sinnesorgane (Mangel an Aufmerksamkeit beim Neurastheniker)." Nicht minder bezeichnend sind die beiden folgenden Keime: „Das Rot der Hölle ist das Gegenteil vom Blau des Himmels. Sehr tief liegt, dass der Rauch das Auge schmerzt." „Alle Tiere sind Symbole verbrecherischer, alle Pflanzen Symbole neurasthenischer Phänomene in der Psyche." Das ist geradezu haarsträubend. Der Rauch als ein Symbol des Bösen thut natürlich dem Auge, als einem Symbol des Guten, da es mit dem Lichte zusammenhängt, weh!! „Die Malaria ist ein Sinnbild innerer Versumpfung." „Der Wirbel ist die Eitelkeit des Wassers und sein Kreisegoismus." „Der Sündenfall ist die Individualität und sein Symbol die Sternschnuppe." „Das Symbol des Jüdischen ist die Fliege. Dafür spricht vielerlei: Zucker, Massenhaftigkeit, Summen, Zudringlichkeit, Überallsein, scheinbare Treue der Augen." Das Fliegensymbol dürfte wohl auf eine Reminiscenz aus Schopenhauers „Gleichnissen, Parabeln und Fabeln" zurückgehen, wo es heisst: „Zum Symbol der Unverschämtheit und Dummdreistigkeit sollte man die Fliege nehmen. Denn während alle Tiere den Menschen über alles scheuen ....., setzt sie sich ihm auf die Nase."

Als Finale:

„Im Augenblick, da das Fliegenartige (Jüdische?) in mir unbewusst wird, d. h. ich fliegenartige „Züge" habe, ich hierin unfrei bin, wird es zur Erscheinung der Fliege, der gegenüber als einer Empfindung ich unfrei bin: im selben Augenblick ist der Raum da. So zeigt sich das Problem der Externalisation, der Projektion des Raumes als die andere Seite des Problems der Tierpsychologie, der Natursymbolik. Der Verbrecher halluciniert die giftige Mücke und stirbt an falscher Furcht durch Herzschlag."

Hoffentlich stirbt kein Leser an dieser letzten Zumutung infolge Entsetzens und Schreckens sowohl über den abgründlichen Blödsinn, der in diesen Citaten aufgespeichert ist, als auch darüber, dass es Leute giebt, die sie als „Goldfunde und Blitzlichter“ bezeichnen.

Die Krankheit.

Nach dem so ausführlich dargelegten Material wird wohl kaum jemand zweifeln können, dass man es bei Weininger nicht mit einem geistesgesunden philosophischen Phänomen zu thun habe, sondern dass es sich bei ihm lediglich um eine eigenartige geistige Störung handle. Es wäre sicher von hohem Interesse, den Persönlichkeiten nachzugehen, durch deren Blutmischungen eine Gestalt wie die Weiningers entstehen konnte; leider fehlt gerade hier das Material; selbstverständlich kommt es da nicht so sehr auf geistige Störungen an, die man in der Ascendenz bedeutender Menschen eigentlich relativ selten findet, als vielmehr auf geistige Abnormitäten, prononzierte Individualitäten mit ausgeprägten Talenten und Eigenheiten. Der Vater Weiningers ist jedenfalls ein ungewöhnlich veranlagter Mann. Weininger selbst trägt unverkennbar von Hause aus alle Zeichen eines sogenannten Entarteten, eines Dégénéré (Magnans Dégénéré supérieur) und zwar mit einem starken Beigeschmack von Hysterie. Man muss nur nicht glauben, dass das Wort Entarteter in dem Sinne zu verstehen sei, wie der gewöhnliche Sprachgebrauch es nimmt; ein Degenerierter im psychiatrischen Sinne ist lediglich ein von Geburt an bedeutend von der Norm seiner Art abweichender Mensch, der Idiot wie Genie sein kann; je grösser und abnormer die geistige Begabung, desto grösser natürlich auch die Gefahren, die dieser Entartung entspringen und von denen der Durchschnittspfahlbürger verschont bleibt. So gehört Schopenhauer „zur Klasse der Deséquilibrés, in der sich bekanntlich die feinen Köpfe zusammenfinden“ (Moebius).

Als Kind zeigte Weininger schon seine abnorme Beanlagung; bereits mit vierzehn Monaten „sprach er mit höchster Deutlichkeit sein Deutsch“. Als junger Mensch zeigte er regstes Interesse für alles, eine sehr lebhafte Auffassung, eine intensive Lernbegierde, einen Wissensdrang, der seinen Lehrern oft Verlegenheit bereitete, und ein ganz ausserordentliches Gedächtnis besonders für Sprachen. Von Anbeginn aber ist auch schon ein ungemeines Selbstgefühl ausgeprägt, das ihn sehr frühe vielen Menschen unangenehm machte. Auch war er ziemlich erotisch veranlagt und hat sich allem Anschein nach sehr frühe schon über die einschlägigen Fragen orientiert. Seinen Lehrern scheint er ein Greuel gewesen zu sein durch sein vorlautes, eigenmächtiges Wesen, seine Insubordinationen, seinen Dünkel; über seine Lehrer machte er sich im besten Falle lustig; es kam zu mehreren heftigen Auftritten; dass er z. B. während der Lehrstunden sich mit anderen Dingen beschäftigte, dass er gegebene Aufgaben machte, wie es ihm beliebt, nicht wie vorgeschrieben, beweist deutlich, wie stark er seine eigene Persönlichkeit empfand; den Begriff Pflicht empfand er nicht; nur den der Pflicht gegen sich selbst, wie er sich später ausdrückte. Er hatte daher auch keinen Familiensinn, wie sein eigener Vater hervorhebt. Welch grosse Bedeutung sonst alltägliche Ereignisse für ihn gewinnen konnten, beweist der Eindruck, den der notgedrungene Besuch von ein paar Tanzkränzchen auf ihn machte.

Einen kolossalen Einfluss übte die Lektüre auf ihn aus; er las enorm viel und man kann ganz gut verfolgen, wie ihn Nietzsche, Schopenhauer, Tolstoi, Dostojewski, Ibsen, Chamberlain jeder eine Zeit lang förmlich erfüllte, bis Kant und Wagner kamen. Schon gegen Ende seiner Gymnasialzeit schloss er sich mehr und mehr von gewöhnlicher Geselligkeit ab und arbeitete mit grosser Energie. Während seiner etwa 2-3 Jahre dauernden ersten Studentenzeit lebte er „in der schwülen Treibhausluft des Wiener Lebens" (Schneider, Allg. Ztg. Beil. 1903, 292), in der Zentrale der sublimsten Dekadenze, die schon so viele frühreife Litteraturheilande hervorgebracht hat und von der die Rede geht, dass ihre echtesten Söhne bereits mit pessimistischem Stirnrunzeln zur Welt kommen, mit zehn Jahren zur Erkenntnis gelangen, dass Michelangelo eigentlich ein Troddel gewesen sei, um Anfang der Zwanziger sich dann selbst mikrokosmisch als den Mittelpunkt der Welt zu empfinden. Neben der Eigenart der Persönlichkeit Weiningers, die seiner Psychose das so besondere individuelle Moment verleiht, ist eben dieser Wiener Nährboden von gar nicht zu unterschätzender Bedeutung. In Berührung mit allerlei Elementen dieser Gesellschaft von Mattoiden (Lombroso) scheint dann bei Weininger auf der Basis der psychopathischen Entartung eine Geistesstörung eingesetzt zu haben, die ganz unzweifelhaft alle Charakteristika der Hysterie[6] trägt und ausgezeichnet ist durch einen exquisit manisch-depressiven Charakter d. h. sie verlief in Perioden abwechselnd von heiterer und gedrückter Gemütsstimmung. Kraepelin sagt: „Da die Hysterie mit einer Umwandlung der ganzen psychischen Persönlichkeit einhergeht, werden natürlich auch die verschiedenartigsten, nicht eigentlich hysterischen Psychosen auf dieser Grundlage durch Beimischung einzelner besonderer Züge eine eigenartige Färbung annehmen können. Das gilt besonders für das manisch-depressive Irresein, von dem wir ja wissen, dass es sich ebenfalls wesentlich aus krankhafter Veranlagung heraus entwickelt." Dies scheint mir vollkommen auf den Fall Weiningers anwendbar zu sein, bei dem ja auch im Vordergrund die vollkommene Umwandlung der Persönlichkeit steht. In seiner Psychose lassen sich deutlich vier Stadien abgrenzen: ein längeres Einleitungsstadium von mehr hypomanischem Charakter mit der Entstehung der dualistischen Persönlichkeit, etwa von Sommer 1901 bis zur Promotion, Juli 1902; daran anschliessend ein Depressionsstadium, das Mitte Herbst 1902 wieder in ein allmählich fast manisches Stadium überging; endlich die zweite und schwerste Depression, die mit der Katastrophe vom 4. Oktober 1903 endigte. Wie bei Hysterie überhaupt häufig zeigten Verstand und Gedächtnis niemals Störungen. Dagegen ist geradezu typisch das überall ausgesprochene, unleidliche Selbstgefühl, das Weininger zeigt (er hat nur in den manischen Stadien eigentlich produziert); stets ist er der Mittelpunkt, fühlt sein Ich am stärksten, urteilt über alles in der schärfsten Weise. Sein Ehrgeiz ist brennend; er will um jeden Preis berühmt werden, Aufsehen erregen, koste es, was es wolle. Früher ausgesprochen erotisch, steht nun im Mittelpunkt der Erkrankung eine vollkommene Sexualabneigung, ein bis zum Fanatismus sich steigernder Hass gegen alles Geschlechtliche; das ist ebenfalls hysterisch. Sehr klar ausgeprägt ist das Symptom der sogenannten Spaltung der Persönlichkeit; Weininger nannte es ethischen Dualismus. Hysterisch, und nur hysterisch, sind auch jene geradezu einzigartigen Sensationen, die er beim Anhören von Musik empfand. Schöner könnte das moderne degenerative Moment in einer hysterischen Psychose sich nicht offenbaren.

Die „herrliche Wandlung", die zwei Jahre vor seinem Tode begann, war nichts als der Beginn der hysterischen Störung. Typisch sind auch die Faxen mit der rührenden Demut, die mit dem masslosesten Grössenwahn vereinbar war. Der Hysterie, der Umwandlung seiner Persönlichkeit, entsprang auch sein Übertritt zum Christentum. Neben den psychischen Erscheinungen der Hysterie scheinen sich auch körperliche Funktionsstörungen eingestellt zu haben; die von Rappaport angegebenen Herzkrämpfe und epileptischen Anfälle sind nichts anderes als hysterische Krampfanfälle; der Sohn hatte beim ersten Beginn der Erkrankung das Elternhaus verlassen; so erklärt sich auch, dass der Vater von diesen Anfällen nichts wusste, die erst mit dem Ausbruch der Hysterie in die Erscheinung traten. Übrigens sind sie in dem Krankheitsbilde ganz zu entbehren, ohne dass sich an der Auffassung der Psychose das Geringste änderte. Dass es sich nicht um Epilepsie gehandelt hat, ist sicher auszuschliessen, wenn auch der Hysterikus wahrscheinlich Sensationen hatte, die er einer bestehenden Epilepsie zuschrieb. Nach der Promotion und dem Übertritt zum Christentum, welche Handlungen er echt hysterisch an einem Tage vollzog — folgte auf die Anstrengungen für das Examen und die höchste Erregung nach dem Gelingen die erste Depression, in der bereits Selbstmordgedanken laut werden. Dann aber schloss sich die grosse, manische Periode an, in der Weininger mit graphomanischem Eifer in etwa acht Monaten ein grosses Buch und eine Reihe kleinerer Aufsätze niederschrieb. In dieser Spanne entwickelte sich bei ihm auch ein richtiges Wahnsystem von durchaus hysterischem Wesen, dessen Grundlage seine Sexualabneigung war (nicht umgekehrt, wie ich vielleicht mit Unrecht annehme; doch ist das nicht wesentlich); er arbeitete eine Weltanschauung aus, deren Anläufe bereits in der ersten Erregungsperiode rudimentär sichtbar sind; er entdeckt, dass alles um ihn herum nur Symbol ist; die veränderte Empfindung der eigenen Persönlichkeit hat sich auch auf die Aussenwelt übertragen, die sich ihm nun anders mitteilt als vordem. Analog Christus, der die stärkste Negation, das Judentum, überwunden, fühlt er sich berufen, selbst auch Überwinder des Judentums, die zweite, noch viel grössere Negation in der Welt, das Weib, zu überwinden; er fühlt sich als Erlöser, predigt das neue Reich Gottes durch vollkommene geschlechtliche Enthaltsamkeit und lehrt die Präexistenz der Seele vor der Geburt. Er hält sich für einen Heiligen, ein Genie, einen Religionsstifter; das alles ist deutlich genug in seinen Worten ausgedrückt; er spricht überall mit absoluter Sicherheit und Erhabenheit, auch wenn es der grösste Unsinn ist, deutet alles in sein System um, lässt echt hysterisch in seinem Buch jeden besonderen Gedanken dick und fett drucken, bildet sich ein, für Jahrtausende geschrieben zu haben u. s. w.

Aber im Sommer 1903, nachdem das Buch geboren war, begann die Erregung abzuklingen; immer lebhaftere Stimmungsschwankungen traten ein; zeitweise erschienen direkte Hallucinationen, so die Hunde mit dem roten Feuerschein, das dreimalige Bellen des Hundes in jener entsetzlichen Nacht; höchst sonderbar ist auch das Gefühl vom Sterben eines Menschen, das durch das Bellen eines Hundes angezeigt wurde[7]. Das lebhafte Reisebedürfnis, das ihn im August (!) nach Sizilien trieb, zeigt genügend, wie es in ihm aussah; wie krankhaft seine Verfassung war, beweisen z. B. auch die unangenehmen Empfindungen, die ihm der Untergang der Sonne bereitete, der für ihn eine mystisch-symbolische Bedeutung schmerzlichster Art bekam. Das Erlösergefühl verschwand immer mehr und machte dem Gefühl von Schuld, Sünde, Angst, Verbrechen Platz; zuletzt empfand er alle Schuld der Welt als die eigene, meinte, alles was mit ihm in Berührung gekommen sei, sei verflucht. Was er in diesen letzten Tagen niederschrieb, macht fast den Eindruck, als ob ein deliranter Zustand über ihn gekommen gewesen sei. In der Verzweiflung, über die furchtbaren Gedanken, die ihn peinigten, beging er dann Selbstmord. Und dieser Selbstmord in der ganzen Art seiner Ausführung bezeugt nur wieder die Hysterie. Mit einem Knalleffekt ging er aus dem Leben; er schlich sich nicht wie gewöhnliche Selbstmörder zur Seite, um allein zu sterben und ohne Aufsehen, da ihnen der Tod nur Selbstzweck ist, sondern er wollte noch im Tode die Augen der Welt auf sich ziehen; darum führte er die Tragödie in Beethovens Sterbehaus auf; das konnte nur ein Hysterischer thun.

Wir haben also gesehen, dass es sich bei Weininger um eine angeborene degenerative Veranlagung handelte und dass auf dieser Basis sich Mitte oder Ende 1901 eine hysterische Geistesstörung mit manisch-depressivem Charakter entwickelte, die vor allem ausgezeichnet war durch vollkommene Umwandlung der Persönlichkeit, ungeheures Selbstgefühl, völlige geschlechtliche Unempfindlichkeit, Krampfanfälle, abnorme Sensationen, Gesichtshallucinationen, periodisch wechselnden Wahnideen der Grösse und der Verschuldung. Was den Fall so interessant macht, ist die Reinheit der Symptome und die eigenartige, entschieden hochbegabte Persönlichkeit des Kranken; man darf nicht vergessen, dass er wenig über 23 Jahre alt war, als er starb; es wird wohl wenige in seinem Alter geben, die über gleiches Gedächtnis, gleichen Fleiss, gleiche Arbeitskraft, gleiches Wissen verfügen wie Weininger. Darum konnte sich auch Moebius trotz alles Abscheus vor dem Buche doch des Bedauerns nicht erwehren. Traurig ist nur, dass der Fall Weininger wieder bewiesen hat, dass alles, was geschrieben wird, wenn es nur mit dem nötigen Applomb in die Welt gesetzt wird, seine Bewunderer findet. Dazu bedarf es nichts als einiger kräftiger Trommler, „den Ruhm des Schlechten zu intonieren und ihre Stimme findet an der leeren Höhlung von tausend Dummköpfen ein nachhallendes und sich fortpflanzendes Echo.“ (Schopenhauer über Hegel, Satz vom zureichenden Grunde.)

Damit kann ich meine Betrachtungen über Weininger schliessen. Ich bin vollkommen überzeugt, dass ich bei allen, die ihn als Genie verehren, lediglich Widerspruch und heftigen Vorwurf erfahren werde: denn indem sie ihre Kritikunfähigkeit bereits zur Genüge dokumentiert haben durch die Verherrlichung und Bewunderung, die sie den Weiningerschen Elaboraten zu teil werden liessen, werden auch meine Auseinandersetzungen für sie in den Wind gesprochen sein. Gegen diese Schar wird nur die Zeit aufkommen. Aber das eine möchte ich nicht unterlassen, zu sagen: es gibt eine Reihe von Leuten, die Weininger leidenschaftlich bekämpften, die geneigt sind, in ihm einen modernen Herostratos (übrigens auch ein Hysterikus) zu sehen; vielleicht haben meine Darlegungen wenigstens das Gute, dass der Unglückliche keiner litterarischen Verurteilung mehr verfällt, sondern dass seine Gegner statt mit Hass und Verachtung den Werken Weiningers gegenüberzustehen, lediglich Bedauern empfinden mit seinem Schicksal, das ein so glänzend veranlagtes Gehirn zum Wahnsinn getrieben.

„Was also war es, das zu ihm drang, empor zu seiner sublimen Nebelhöhe, und dem Blitzeschleuderer den Revolver in die Hand drückte? Was war entsetzlich und süss genug, dass es den Ragenden zwang, seinetwegen zu sündigen und die Sünde mit dem Tode zu sühnen? Ein Schuss, der eine Tragödie ohnegleichen beendigte. Aber ein Schuss im Nebel.“ So Nordhausen in seiner Kritik von „Geschlecht und Charakter“. Eher könnte man von einem Buch im Nebel, einem Mann im Nebel reden. Ich hoffe, gezeigt zu haben, was es war, das empordrang zur sublimen Nebelhöhe. Statt eines Blitzeschleuderers ein Geisteskranker, dessen Psychose durch einen Zug von Genialität ihr individuelles Moment erhielt, statt eines Ragenden ein Unglücklicher, der sich in einem Anfall melancholischer Verstimmung erschoss, statt eines philosophischen Phänomens zwei Bücher, die in die ärztliche Bibliothek einer Irrenanstalt gehören.

Sapienti sat!

Fußnoten:

1 Anmerkung des Herausgebers. Die Publikationen des verstorbenen Dr. O. Weininger erregten alsbald nach deren Erscheinen meine Aufmerksamkeit, und ihr Inhalt liess mir keinen Zweifel, dass dieselben unter dem Einflusse eines krankhaften Geisteszustandes entstanden waren. Von welcher Art dieser war, ergab sich jedoch nicht ohne Weiteres, und so beschloss ich, den Fall O. Weininger eingehender zu studieren und das Ergebnis in den „Grenzfragen" zu veröffentlichen. Dieser Entschluss veranlasste mich zunächst, biographisches Material über den Verstorbenen zu sammeln, und ich fand bei diesem Bemühen bei dem Vater O. Weiningers das freundlichste und vertrauenvollste Entgegenkommen, wofür ich ihm auch an dieser Stelle meinen Dank ausspreche.

Anderweitige Obliegenheiten verhinderten mich jedoch an der Fortführung der geplanten Arbeit. Als ich in der Folge aus der Münchener medizinischen Wochenschrift ersah, dass mein Münchener Kollege Dr. Probst für die Jahresversammlung der bayerischen Irrenärzte in Ansbach einen Vortrag über O. Weininger angekündigt hatte, setzte ich mich mit demselben in Verbindung und überliess ihm das gesamte von mir gesammelte biographische Material, soweit ich über dasselbe zu verfügen berechtigt war, zur Verwertung für die vorliegende Arbeit.

L. Loewenfeld.

2 Halle. Bei Marhold 1904. Zuerst im Druck erschienen November 1903, dann auf die Nachricht vom Tode Weiningers von Moebius selbst unterdrückt und erst später doch herausgegeben in der richtigen Erwägung, dass es nun erst recht nötig sei, das schlechte Buch zu bekämpfen. Es ist sehr komisch, zu sehen, wie auf Grund dieser Broschüre die „Freunde" über Moebius herziehen, während doch aus dem Schriftchen unverkennbar hervorgeht, dass dieser sogar ein gewisses Faible für Weininger hatte.

3 Da sich unsere Sammlung an breitere Schichten wendet, so haben wir auf wörtliche Wiedergabe besonders schamloser Stellen verzichtet. D. H.

4 Diese Stelle führe ich, vielleicht irrtümlich, auf Chamberlain Grundlagen I, 133 zurück, wo von Familie als ursprünglichem Matriarchat die Rede ist.

5 Letzte Dinge 180.

6 Moebius spricht schon: „Die Geschichte macht den Eindruck einer hysterischen Kontrefaçon" („Geschlecht und Unbescheidenheit" p. 28).

7 Eigentlich ist das dreimalige Bellen das Auffallende; bei dem so fein organisierten Geruchsinn der Hunde wäre es nicht unmöglich, dass sie den

Todeskampf z. B. ihres Herren witterten und diesem Gefühl durch jämmerliches Geheul Ausdruck gäben.